U0934829

教练型管理者

俞清　金慧英◎著

中信出版集团 | 北京

图书在版编目（CIP）数据

教练型管理者 / 俞清，金慧英著 . -- 北京：中信出版社，2019.6（2023.1重印）
（绩能教练®版权课程同名系列图书）
ISBN 978-7-5217-0417-4

Ⅰ . ①教… Ⅱ . ①俞… ②金… Ⅲ . ①企业管理 Ⅳ . ① F272

中国版本图书馆 CIP 数据核字（2019）第 073282 号

教练型管理者
（绩能教练®版权课程同名系列图书）

著　　者：俞清　金慧英
出版发行：中信出版集团股份有限公司
（北京市朝阳区惠新东街甲 4 号富盛大厦 2 座　邮编　100029）
承 印 者：宝蕾元仁浩（天津）印刷有限公司

开　　本：787mm×1092mm　1/16　　印　　张：15.5　　字　　数：154 千字
版　　次：2019 年 6 月第 1 版　　印　　次：2023 年 1 月第 4 次印刷
书　　号：ISBN 978-7-5217-0417-4
定　　价：50.00 元

服务热线：400-600-8099
投稿邮箱：author@citicpub.com

目 录

第2篇 教练技能 025

推荐序一

当素昧平生的作者邀请我为其新作写序时，我颇为惊讶。收到书稿大概翻阅一遍后，我便爱不释手，于是欣然允诺执笔捧场。个中原因，可以从以下三方面来表述。

第一，这本书满足了目前国内教练市场的需求。我在2008年把埃里克森教练体系引进国内后，又接连引进了高管教练、系统性团队教练等一系列国际知名教练品牌。为了了解市场对教练的接受程度，我一直非常关注我们学员的来源情况。概括来讲，学员大致有三部分来源：第一部分学员来自咨询培训类的专业领域，这部分人是组织的外部教练；第二部分学员来自企业内部的人力资源系统，这部分人可以成为企业的内部教练；第三部分学员是老板、教师和公务员等各类人士，这部分人显示着教练市场的无限延展性。在这十多年传播教练技术的过程中，我亲眼印证了企业人力资源系统的学员比例，从一开始的20%左右一路攀升到现在的50%多，这说明以目标与成果为导向，以发掘员工内在潜力、促进员工良好表现和持续发展为目的的教练技术，在这个充满变数的VUCA（复杂、多变、模糊且充满不确定性）时代，逐步被国内的各类企业认可、引进和实施，并从企业人力资源系统逐步扩展到各个业务单元，以适应企业内外部变革和发展的需要。例如，国内企业的翘楚华为公司，就在数年前参照IBM（国际商业机器公司）的教练模式并聘请IBM的教练组，在公司各级管理层推广教练技术，以提升团队和组织绩效。所以，如何成为教练型管理者，已成为组织和团队应对困境、追求卓越的有力武器，而这本书生逢其时，它将满足市场的巨大需求，为各级管理者所喜爱。

第二，这本书填补了国内该方面书籍的空白。自2003年接触教练技术以来，为了了解、学习和推广国外的先进经验，我前后翻译或组织翻译了18本教练书籍，如《从教练到唤醒者》《培养卓越领导者的教练指南》《高绩效团队教练》等就颇受市场好评，但这些书都是偏重于从理念或工具层面来阐述教练行业的发展或某种教练应用类型的。我也希望能从国外找出几本更为落地或接近于国内管理情景的教练书籍，但至今未能如愿。究其原因，一方面，国内外文化背景和管理背景存在着很大的差异，尤其在具体的管理情境中很难找到相匹配的实例；另一方面，中西方的词汇用法和译者的背景也存在很大差异，很多译文翻译过来，让人感觉教练在整个对话过程中不说“人话”。所以我一直以为，一定是兼具熟悉中西方文化和具有丰富国内管理实战经验的教练，才能在国内这个广阔的市场中，探讨如何成为教练型管理者，并担当著书立说的重任。而这本书的两位作者，正是符合这些条件的不二人选。这本书既整合了业界最简单、最有效的模型和工具，也选取了作者自己在教练对话中的很多片段，突出地展示了国内教练的实战背景。

第三，这本书符合我对国内教练市场走向的判断。虽然教练技术与东方的人本哲学思想一脉相承，但毕竟其整个体系是在21世纪后才从西方发达国家引进国内的。所以，教练技术的本土化之路也并非一帆风顺——出现了一些水土不服的现象。很多接触过教练的企业管理者和各界人士反应：一是教练们很自嗨，觉得自己已经掌握了人生的真谛，喜欢用教练来改变别人；二是很多教练在进入市场后没有客户，赚不到钱，这说明这些教练没有把客户真正需要的价值传递出去；三是有些教练执着于某些教练课程中的教练流程和要求，不能从客户的角度出发而灵活、有效并“多快好省”地解决客户实际问题。所以，从2018年开始，我就提出让教练工作“有趣、实用、社会化”的观点，并在我们的加瓦书吧举办了数十期相关沙龙，力图以轻松、愉快加有效的方式，让更多的人了解和学习教练技术。而这本书的风格符合我们的“调性”，必然会让更多的管理者受益。

俗话说，大道至简。作者针对的读者画像群非常清晰，他们不打算写一本让专业人士学习的教科书，而是服务于战斗在各个管理岗位带下属的企业人士。所以，这本书在作者力图表现的“简单、实用、有效”这三点风格上颇下苦功，我读完后也感觉这三点做得颇有成效。

简单：能够把复杂的问题清晰、明确地表达出来，就可以看出作者的功力。这本书提出的“绩能教练模型”就很简明扼要，不论是借鉴的GROW模型，还是“倾听、提问、反馈”三项能力，抑或教练原则，都是教练圈耳熟能详的东西。但作者的高明之处在于，用更简单的方式让这些熟悉的东西落地，让管理者容易理解和掌握，这就是简单中的不简单了。

实用：作者在简单的基础上提供了大量的图示和表格供读者使用，让人们按图索骥，便于掌握。同时，书中引入了作者自己在实际教练过程中的大量片段，以对提出的概念进行形象的解释和说明，很好地照顾到了读者的感受。

有效：一方面，作者把一些大公司成功的教练实践和方法推荐给读者；另一方面，作者在说明某个概念时，经常用对比的方式来说明其间的不同。最后，作者在书中秉承“少即是多”的理念，把最精华、最精简的内容选出来。这样读者就会更清晰、更有效率地掌握教练的基本方法和内涵。

中国企业管理者的成长，需要中国的教练们来助力！我相信这本书的出版，会让这些管理者更快地掌握教练技术的精髓，以充满正能量的状态和人文精神，服务于其所在团队的每一个伙伴，服务于其所在的企业，并最终服务于这个伟大的时代。

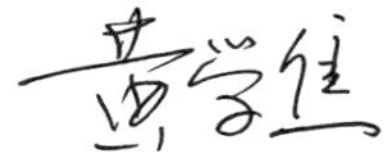

中国中小企业协会领导力与教练技术研究中心主任

加瓦人生经营学院创始人

国际教练联合会（ICF）北京分会前会长

2019年4月

推荐序二

经常听到这样的说法：对事不对人。这句话的意思是我们在处理问题过程中不是针对某个人，而是针对问题的本身提出解决方法。但我们又惊奇地发现，解决过的问题会在几个月甚至几天后出现"翻版"，神奇地克隆到其他的部门、其他的项目中。

可见，对事不对人是一种治标不治本的方法。在互联网时代，人和人之间的互动甚至超越了时间和空间，因而人们在管理上更加需要从解决问题本身提升到解决"人"的问题。如何通过激活个体为组织带来绩效，是摆在管理者面前的一个难题。

中国还有一句老话：授之以鱼不如授之以渔。这句话的意思是我们更应该教会对方方法，而不仅仅停留在问题本身。在主客双方关于学习的互动关系形成的时候，就形成了"教练式管理"。

传统的管理者大多充当顾问的角色，他们大多从事技术性的工作，代替员工解决具体的问题，其重点在"事"而不在"人"；而教练式管理是一门新的管理技术，运用教练的方式激励员工，让员工发挥创意，让员工自己找到解决之道，重点在“人”而不在“事”。

当管理者懂得运用教练技术赋能下属并让下属获得成长从而提高绩效时，管理者就成了“教练型管理者”。当教练型管理者产生时，传统的“管理者”与“被管理者”的关系转变成新型的“教练”与“学员”的关系。所以，作为企业管理者，我们对教练技术的学习刻不容缓。教练技术已经成为一种新的组织发展工具，能有效提高个人、团队和组织的绩效。

当然，关于教练的书也很多，然而大部分都趋于对通俗理论的介绍，对读者的学习、思考和转化提出了严峻的挑战。那么，这本书有哪些独特之处呢？这本书以严谨的逻辑系统化地提供了一套完整、全面的教练工具和流程，以清晰的教练学习地图为读者提供了一个实用、易读、易用的企业教练指南，其实战、落地的内容确实令人眼前一亮。

第一，通过与体育行业的对比，形象地说明了什么是企业教练；通过两段情景案例的对比，有说服力地总结出了什么是教练的原则，从而帮助读者理解教练。

第二，每一个知识点都有一个清晰的理论框架及运用工具，同时通过实用的教练工具帮助读者做到可轻松学习和复制书中的方法论，使读者对教练技术的运用提升一个新的高度。

第三，将理论与实际案例有效结合起来，让读者在情景中自然地消化理论、反思自己和触发想要改变的意愿。

第四，不仅简明、有力地描述了一个解决问题的教练流程，更加重要的是给予了明确的教练提问话术，有利于读者直接转化并提升能力。

第五，教练是一种技能，要想充分发挥其非凡的潜力，需要对其有深度的理解，并且需要经过大量的实践。这本书为读者提供了可以实践运用的模板，帮助读者练习。

第六，书中还特别体贴地说明了教练技术在什么时候可以用，在什么情景下适合用，对如何更加有效地运用教练技术给予了明确的指导。

相信这本书可以让管理者通过掌握当今最有效的教练辅导技术，结果导向地赋能员工，快速激发下属的工作意愿，提升员工的敬业度、创造力和团队协作性，同时提升员工解决问题的能力，激发员工高效达成组织绩效。

这本书也可以让每一位管理者在最短的时间内成长为教练型管理者，真正做到“绽放员工、让天下没有难管的团队”，使组织快速复制和培养企业的各级人才，最终打造组织的核心竞争力。

这本书的同名版权课程已成为中国企业管理者的必修课程，相信每一位从事企业管理工作，或者即将从事企业管理工作，抑或想要从事企业管理工作的人，都需要阅读这本书。

《非常网赢——不一样的互联网思维解读》作者

“非常网赢”公众号创立者

2019年4月

前　言

“管理是无用的”，一直以来，我们对管理可能抱有这样的看法。我们可能认为管理者就是一群装腔作势、卖弄嘴皮子的人，除了夸夸其谈，他们什么也没干，什么也干不了！正如谷歌人力资源高级副总裁拉斯洛·博克（Laszlo Bock）所描述的：“在谷歌，人们曾普遍认为管理者充其量就是一个摆设，他们只会制造障碍和把事情搞砸，并且具有官僚作风。”

为了证明管理不会对实际业绩产生影响，谷歌人力创新实验室（Google’s People Innovation Lab）发起了著名的氧气计划（Project Oxygen）[1]，希望用科学、严谨的数据证明管理的确是无用的。

历经数年的研究，氧气计划小组得到的结论却是相反的——管理的好坏与管理者的好坏会对结果产生显著的影响。要想取得优异的业

1　氧气计划的详细内容请参考本书第10章中的“最佳教练实践一：谷歌的氧气计划”部分。

绩，企业就必须让它的每个团队都拥有一位优秀的管理者。氧气计划小组还进一步从数据中得出了优秀管理者的10项行为标准，其中排在第一位的就是成为一名好教练！那如何让管理者成为好的教练型管理者呢？多年来，我们周围的很多同事、学员、朋友都希望我们能把工作实践和课堂教学中那些简单、实用、有效的干货整理出书，让更多的人受益。在这些因素的驱动下，这本书就诞生了。

简单、实用、有效原则

首先要说明的是，我们并不打算写一本讲述教练技术的教科书。我们两位作者都是极简主义的支持者，信奉“少即是多”的理念。为此，我们在构思本书的过程中用减法的思维，也就是奥姆剃刀原则[1]。我们也不断地问自己：“本书能不能再精简些？”所以，尽管本书也会讲述一些概念，但除非必要，我们是不会为了理论而讲理论。本书写作的原则就是力求简单、实用、有效。

简单、实用、有效的原则是本书的定位。我们认为书的本质是一种产品，产品就需要明确服务对象及其关键诉求。我们在开始构思时就明确下来这本书的读者是管理者，简单地说就是有下属（哪怕只有一个）或者准备要带下属的读者。本书的诉求非常简单，就是让读者能在最短的时间内掌握必要的方法、工具，并成为一名合格的教练型管理者。其中，“管理者”是主身份；“教练”是主身份的一个标签，表明要成为的是有“教练特色”的管理者，而不是其他类型的管理者。为了叙述方便，本书把其他类型的管理者称为“非教练型管理

1　如无必要，勿增实体，即简单有效原理。

者”[1]。做好管理的方法有很多，那么最快速、最有效的方法是什么？谷歌和盖洛普公司都用科学的方法证明了好的管理者首先就是一名好教练。但是，要想成为一名好教练，我们要学习和掌握的内容也有很多，怎么办？我们再次使用简单、实用、有效原则，我们不是要培养专业教练，而是要培养用“最少教练装备”武装起来的教练型管理者。

本书的内容结构

那么，哪些是“最少教练装备”呢？我们对教练的定义是：基于对话技术，赋能个人达成绩效目标的持续过程。也就是说，教练技术的本质是对话。对话至少包括3个方面，即听、问、说。因此，我们教大家3项核心技术，即倾听技术、提问技术、反馈技术。学完这3项核心技术，读者即可进行简单式教练对话。然后，读者可以进行复杂式教练对话，此时读者就要学习对话的流程，即GROW对话流程[2]。就像练习武功一样，真正的高手在于内功心法的修为，这就是教练的原则。所以，“最少教练装备”包括1套心法（教练原则）、3项基本功（3项核心技术）和1个套路（教练流程）。

图1这个模型我们称之为“绩能教练®方向之轮”，它既是本书的内容结构，也是指导读者运用教练技术的逻辑框架。用练武来做类比，教练原则就是武功心法，在方向之轮轴心的位置；教练3项核心技术就是基本功，是方向之轮的轮辐，起到支撑和连接轴心及轮框的作用；教练的对话流程就是武功套路，是方向之轮的轮框。

1 有许多教练流派喜欢用“传统型管理者”称呼非教练型管理者。为了理性、公平起见，本书使用“非教练型管理者”的中性描述。

2 GROW对话流程的详细内容请参考本书第8章的内容。

图1　绩能教练®方向之轮

与此对应，本书分为4篇。

第1篇——教练原则（principle）介绍了教练的核心概念和教练原则，让你对企业教练的本质和逻辑有简明、清晰的了解。

第2篇——教练技能（proficiency）介绍了教练的3项核心技术——深度倾听、有力提问、有效反馈，足以让你在实际管理中进行简单式教练对话。

第3篇——教练流程（process）介绍了面对复杂问题的教练对话逻辑和流程，让你可以在实际工作中完成复杂式教练对话。

第4篇——教练实践（practice）介绍了练习巩固的方法和技巧，以及标杆企业如何在管理中应用教练技术。

本书还有3个附录。

附录1　汇总了教练实践记录表的常见范例。

附录2　提供了在进行自我教练对话时使用的参考工具。

附录3　介绍了情境领导的方法，为选择教练方式还是非教练方式的决策提供指导。

为了促进简单、实用、有效的企业教练技术的普及，以及让更多的管理者受益，我们启用了绩能教练®这个品牌。“绩”是绩效、业绩，代表结果和目标；“能”是赋能，即通过赋能他人达成目标，代表过程。同时，“绩能”二字说明了绩能教练®在“事”和“人”两方面的统一性，即通过赋能他人达成事的结果。

我们衷心地邀请大家一起来学习、实践和推广绩能教练®事业，让全天下的管理者都成为教练型管理者！

俞清　于美国休斯敦

金慧英　于中国上海

2019年3月

第 1 篇　教练原则

掌握教练心法，塑造教练心智模式

原则就如同灯塔，是不动摇的自然法则。

——史蒂芬・柯维（Stephen Covey）

每个人的内心深处都会有一个做人的标准，无论你有没有意识到它的存在。这个标准形成了一个人的心智模式，不同的心智模式又衍生出不同的思维和行为，这些思维和行为又把我们变成截然不同的人。这个标准就是操纵“人”的最底层的代码——原则。

作家史铁生曾经说过一句话：“人与人之间的差别，大于人与猪的差别。”不同的人在面对同一件事的时候，其内心对这件事的定义、评价、做法……都不一样，这些不同均是因为底层的心智模式不同。它的强大之处就在于，它可能在你根本没有意识到的情况下，操纵你的思维和行为。虽然它不容易被察觉，但是比较庆幸的是，我们可以通过外部的行为观察到它。

教练的原则同样代表着教练的心智模式和思维模式，这是教练的“道”。只有心智模式升级和成长，教练才能拥有高级的智慧，才能激发本质的改变，也才能更好地学习“术”层面上的技能和流程，正确指引人们的言语和行动。

本篇从管理者与下属的两段不同对话开始，让你体验非教练式对话与教练式对话的区别，从而对企业教练技术有一个简明、清晰的认识。

基于读者对上述内容的基本理解，我们提出了绩能教练®的3项原则（ONE©原则）和教练的定义，以此作为后续章节的逻辑起点和准则。本篇最后还概括性地介绍了绩能教练®的价值。

按照本书前言中介绍的内容结构，教练原则是本篇最核心的内容，相当于武功心法，是第2篇教练技能（基本功）和第3篇教练流程（套路）的总纲和指导。

第1章　非教练式对话与教练式对话

管理并不是一个特别复杂的概念。彼得·德鲁克（Peter F. Drucker）说："管理就是通过他人把事做成。"这与体育领域的教练特别相似：教练永远不会替运动员上场，而是通过激发运动员去拿到冠军（绩效）；教练比运动员强的不是运动能力，而是通过赋能使运动员的专业能力更强！

彼得·德鲁克用一句话就能描述清楚的概念在我们身上却不是这么回事。事实上，许多管理者虽然顶着管理者的头衔，但是充当了顾问甚至执行者的角色，他们直接替员工去解决本该属于员工责任范围内的事，这就是所谓的"背猴子"现象。

让我们先来看一段上下级之间的对话。

下属：领导，我想跟您汇报一下有关本次研发项目的进展情况。

上司：好的，你说吧。

下属：嗯……那个，就是那个……

上司：那个什么？怎么？出什么问题了吗？

下属：不，也不是什么大问题，不过……

上司：不过什么呀？不要支支吾吾的，到底出了什么问题？

下属：不，不是，也不是什么大问题，就是本次研发人员的参与度……

上司：研发人员的参与度怎么了？

下属：好像……他们对本次的研发项目不是很积极……

上司：什么？不积极？为什么不积极？你说清楚一点儿！

下属：领导，原因我也不是很清楚……

上司：不清楚？这次研发项目不是由你负责吗？你怎么能不清楚？

下属：是的，不过，以前也没出现过这种情况……

上司：公司对这个研发项目很重视，你又不是不知道，任务重、时间紧。研发人员不积极，你怎么也不想想对策？

下属：是的，领导。可是，我也不知道该怎么办才好……

上司：又是不知道，你什么时候能有点想法？算了，看来我又得亲自出马了。

下属：好的，好的，谢谢您。

看到这段对话，是不是感到似曾相识？在我们的工作中，是不是有很多管理者就是这样的：出了问题首先指责下属，然后亲自出马。我想问一下各位读者，假如你是这位下属，在此情景下，你最深的感受是什么？你可能回答："特别不舒服，特别不受尊重、不被信任……"

如果我继续问你："既然感觉特别不舒服，那为什么在对话结束的时候还要对上司说'谢谢您'？"你可能会回答："这是礼节性的，毕竟对方是我的领导啊……”这说明你对上司说的这个“谢谢”不是由衷的，有点不情愿的意思。当然你或许会说：“因为领导出马了，我可以解脱了，所以我感谢他帮我去处理这件事。”那么你的确应该感谢你的上司，因为他帮你背了“猴子”。

是谁背了“猴子”

上面这段对话描述的情景其实就是威廉·翁肯（William Oncken, Jr.）与唐纳德·瓦斯（Donald L. Wass）早在1974年《哈佛商业评论》的一篇题为《是谁背了猴子？》的文章里描述的现象。文章用“背上的猴子”来比喻责任和事务在管理者和下属之间的转移，而且大多“猴子”本该由员工来背，最后却由管理者自己来背了。

于是，上下级之间的关系就完全颠倒过来了。从此管理者自甘成为下属的下属，开始做两件原本是下属要帮上司做的事情：第一，从下属身上接下责任；第二，答应给下属进度报告。现在，“猴子”在哪里？上司的背上。上司扮演什么角色？解决问题者。下属扮演什么角色？上级的监督者、考核者。

没有责任心的下属，在把“猴子”交给上司之后，就把这件事忘到脑后了，从此这件事跟他本人没有半毛钱的关系。有点责任心的下属为了确定上司没忘记这件事，时不时地把头探进上司的办公室，询问：“领导，事情进展得怎么样了？什么时候能解决这件事情？您什么时候给我们决定？我们要采取什么行动？……”

很多管理者经常说：“我的员工一点想法都没有，我的员工一点责任心也没有。”真的是员工没有想法，没有责任心吗？还是我们剥夺了员工想要说出自己的想法以及想要负责的机会呢？其实，员工带着问题过来找领导，大多数还是有些自己的想法的，只是还不确定这个想法是否合理、是否有效，他们想要领导给些指点。然而，很多管理者直接否定了下属，连一个机会也没有给下属。

结果就出现了《是谁背了猴子？》这篇文章里描述的：上司常常忙得一点时间都没有，下属却经常因为无事可干而抱怨。所谓“忙得不亦乐乎”，忙才能让人觉得有意义、有奔头。人如果无所事事就会无事生非——抱怨或者传递小道消息。当然，这不是最糟糕的情况。如果继续这样的话，那么顶多我们的管理者会继续忙一点、累一点，但有比这更糟糕的情况。

上司代替员工出去打仗，每场仗他都能打得赢吗？不一定。假设上司今天比较幸运打赢了回来，这时员工会兴奋地拍拍手掌，竖起大拇指说：“领导就是领导，领导出马一个顶俩。”结果，员工下次碰到问题了，还是会过来找你。相反，万一上司打输了呢？大多数员工就会认为这个上司没有能力，心里会开始轻视自己的上司。当然也有少数善良无比的员工会拍拍上司的肩膀说：“领导，没关系，我们屡败屡战，只要您不放弃，我们永不抛弃，我们会跟您奋战在一起。”你可能还会被感动得一把鼻涕一把泪：“我何德何能，能拥有这样的员工，哪怕卖血，我也要把公司经营下去！”是吧？

但是，我们回顾一下，在这整个过程中谁更像上司？当你做得好的时候，下属马上向你竖起大拇指，赞扬你，欣赏你；当你没有做好的时候，下属马上拍拍你的肩膀，安慰你，鼓励你。是不是下属更像领导呢？

注意：有时候“猴子”并不总是那么明显。比如，有时上司并没有出面，只是给出了具体的建议，让下属按照指令去执行。其实这也是一种“背猴子”现象：本应该让下属思考问题、探索方案，但是现在这个责任转移到了上司身上，下属只充当了执行者。在这种情景下，下属即使做好了也没有多大的成就感。下属要是失败了就会推卸责任，说自己是按照上司的意思办的，办不好也不是自己的问题。

管理者就是有下属的人。下属越多，潜在的“背猴子”的可能性就越大。面对随时可能出现的“猴子”，并不是“来者不拒”，更不是躲避或者粗暴地拒绝，因为“猴子”总得有人来背。那我们该怎么办呢?

让我们来看看另一段对话：

下属：王总，我想跟您汇报一下有关本次研发项目的进展情况。

上司：好的，进展顺利吗?

下属：是的，总体上没啥问题，不过有些担心。

上司：有些担心?什么事情让你担心呢?

下属：嗯……就是那个……

上司：怎么，出什么问题了吗?

下属：也不是什么大问题，就是参与本次研发的人员不是很积极……不太愿意参加此次研发项目。

上司：不太愿意?那你认为应该怎么做比较好呢?

下属：说实在的，现在还真不清楚应该怎样处理。

上司：是吗，那你觉得什么样的结果是最理想的呢?

下属：当然是希望所有研发人员能积极转变态度，全力以赴参加研发，一起把这项任务成功地完成。

上司：很好，为了达到这种效果，你首先能做的是什么呢?

下属：我想我可以坦率地跟这些研发人员沟通一下，了解他们对此次研发的意见和建议，先多听听他们的想法。

上司：很好，我们就从这里着手，有问题再来沟通。

下属：明白了，谢谢领导。

假如你是这位下属，那么这次你又会有什么样的感受呢？是不是感觉受到了尊重。我继续问你："这次上司并没有出面而是让你自己去解决问题，他不仅没替你做，而且连方案都要你自己想，那么你为什么还要说'谢谢'呢？"想必你会说："感谢领导对我的尊重和信任啊，而且他能耐心地启发我。"没错。信任是不是让你的自信心增强了？耐心的启发是不是让你觉得被赋能，从而更有能力去探索正确的答案、正确的行动？接下来，你的行动意愿是不是也会更加强烈，想要更出色地完成这项工作？

相同的一件事情，不同的对话方式，结果却完全不同。在前面的对话里，下属自己什么也干不了，也不愿意干，只能上司出面；在后面的对话里，下属很有自己的想法，并且有意愿一定要做好。

两段对话的比较分析

让我们用表1-1来对前面两段对话的要点进行梳理。

表1-1　非教练式对话与教练式对话

比较维度	非教练式对话	教练式对话
倾听的态度	时常打断	耐心、认真
提问的特点	质问、责问	启发、引导
相互的关系	疏远、冲突	平等、融洽
下属的能力	停滞或者发展缓慢	快速提升

续表

比较维度	非教练式对话	教练式对话
下属意愿度	越来越低	越发高涨
下属自信心	打击、降低	鼓励、增强
谁话说得多	领导	下属
谁解决问题	领导	下属
谁付诸行动	领导	下属

哪种方式的对话是双赢的？显然是教练式对话。教练式对话让下属的能力、意愿度和自信心得到提升和增强，从而使下属获得了成就感。教练式对话解放了上司，让下属去思考、解决问题，并付诸行动。“猴子”始终在下属身上，这样上司就有时间思考和关注更重要的问题。

既然教练式对话是双赢的，那么是否意味着所有的上下级对话只能用教练式对话，而不能使用非教练式对话呢？不是！我们尽量使用教练式对话，但在一些特殊情况下，非教练式对话可能更合适。

那么，在什么情况下非教练式对话比教练式对话更合适呢？这里先简单列举两种特殊情形。[1]

- 紧急的事（事的特殊性）。比如下属跑来说：“领导，库房着火了，怎么办？”我想你不会一味地按照教练式对话方式回应道：“你觉得着火的原因是什么呢？你认为应该如何处理呢？”虽然你知道这是一只“猴子”，但比“谁背猴子”更重要的是处理事

1　关于非教练式对话与教练式对话的适用场景请参考第 4 章中的“C+T 教练模式”部分。

情，所以你一定会果断地下达指令（非教练式），组织下属赶紧去救火。但是当事情处理完了，你应该做些什么呢？那就是找下属过来，一起吸取失火教训和总结防火经验，这时我们一定要回到教练式对话。所以，当事情的风险我们无法控制的时候，事情特别紧迫的时候，以及事情的处理比人才的培养更为关键的时候，我们就可以运用非教练式对话。

- 能力弱的下属（人的特殊性）。比如你给刚入职的新员工交代新任务，如果你只是一味地问他"有什么想法"，那么估计你得到的回答就是"不知道"。对待新员工可能需要你先示范，并提出建议（非教练式）。不过，当你示范完后，为了加深他的印象和提高他的主动性，你应该再问问他对你的建议有什么想法，或者至少让他对工作进行总结。这就带有一些教练式对话的味道了。

忙、盲、茫的管理"迷思"

很多管理者会说："我每天都很忙，忙得连救火的时间也没有，哪还有时间教人啊？"相信大家一定有这样的困惑。让我们分析一下这种困惑的根源，如图1-1所示。

图1-1a描述的就是这种"救火现象"背后的模式：①因为忙，所以没有时间教下属；②常常用非教练方式；③自己"背猴子"，结果让自己更忙（回到①的状态）。这就使自己陷入了一个恶性循环，并且无法解脱。因为自己"忙"于"背猴子"，所以时间管理失控，对事务的优先级不加区分，盲目处理，此为"盲"。由于盲目，时间都被紧急、重要的事务占据了，你就无法对目标、战略等重要且不紧急的事务进

行提前思考和决策了，于是你就会面临“茫”，即茫然。

怎么办？摆脱之道就是从根源入手，即将非教练方式转变为教练方式！如图1-1b所示：④教练方式；⑤下属“背猴子”；⑥下属忙。让自己更有时间教下属，从而进入良性循环！

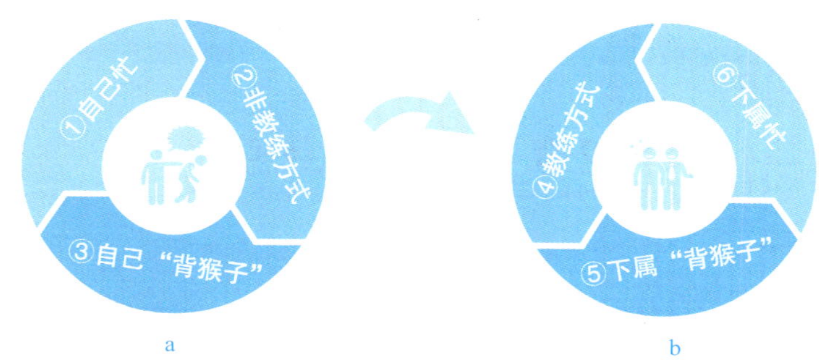

图 1–1　管理者的困惑根源

直接下达命令，一开始看起来似乎更高效，但无法提升员工的能力，也无法激发员工的能动性，管理者永远摆脱不了救火队长的角色，也无法投入足够的时间进行更长远的规划。

所以，一个看似矛盾而正确的答案是，管理者去教他的员工，通过教练方式快速培养员工的能力，让员工承担更多的责任，令管理者摆脱救火工作，从而使自己可以投入更重要的工作中。

我们要知道，“忙”其实只是表象，不是根源。根源是管理者总是在指责、责备后直接给予答案或亲自出马。因此，员工就没有思考，也没有意愿度去做好他的本职工作。久而久之，员工也没有成长，所以领导只能一直那么忙、盲、茫。

第2章　教练与教练原则

上一章我们通过两段对话对比了非教练式对话与教练式对话中管理者不同的行为模式特点。在表1-1中，倾听的态度和提问的特点是对两段对话中上司听和问两方面行为特点的总结。因为上司在对话中听和问的方式不同，所以才会导致上司和下属双方的关系不同。非教练式对话中的“时常打断、质问、责问”反映的是上司不相信下属的能力（思考与执行的能力），因此上司不放心、不放手、不放权；教练式对话中的“耐心、启发、引导”反映了上司更相信下属完全有能力、有潜能自主完成工作，所以上司不是主动代替下属完成工作，而是引导和支持下属完成工作，上司只是一个支持者和陪伴者。

当然，教练型管理者并不只是相信下属，他们还有力地赋能下属。在表1-1中，下属的能力、下属意愿度和下属自信心3个维度与赋能有关：在教练式对话中，下属的能力、意愿度和自信心都快速提升和增强；在非教练式对话中则正好相反。

在表1-1中，谁话说得多、谁解决问题和谁付诸行动反映了上司对成果的不同期望：在教练式对话中，上司期望下属思考问题（下属说得多）、探索方案（下属解决问题）、落实方案（下属付诸行动）；在非教练式对话中，上司不得不自己来完成这一切。

教练原则——ONE© 原则

我们知道，不同的行为模式背后对应着不同的思维模式。绩能教练®把两种不同的思维模式总结成绩能教练®的3项原则：相信（OK）、赋能（Nurture）、期望（Expect）。用一个简单的英文单词表示这3项原则，就是ONE©原则，如图2-1所示。

图2-1　ONE© 原则

- 相信。相信对方是可行的，即完全有能力、有潜能、有资源解决他们所面临的问题。相信是教练所秉持的基本信念，是一切的前提和基础。
- 赋能。赋能下属，即关注下属的成长与发展，鼓励下属并使其具备更大的能力和意愿去完成他们想要完成的事情，这是教练的过程。
- 期望。期望持有问题的人去解决问题并拿到成果，这体现出教练是以成果为导向的。

教练领域里有一个著名的公式：表现=潜能－干扰（performance=potential−interference）。被誉为教练之父的蒂莫西·加尔维（Timothy Gallwey）认为，大多数人都已具备做好一些事情的基本潜质和能力，生活中人们没有把事情做好，不是因为他们没有潜能，而是因为干扰太多。只要帮助他们消除干扰，使他们专注在目标上，他们的表现就会提升。

第1条原则——相信，就是要相信对方拥有巨大的潜能。一个人的表现不佳，并不是因为他没有这个潜能，而是因为有干扰存在，从而影响了他的表现。所以，相信几乎就是一种信念，在没有看到对方表现的时候就相信对方有潜能。第2条原则——赋能，就是要帮助对方消除干扰。干扰除了表面上的环境干扰外，主要来自内心，来自个人内心深处的信念系统。一个人会深受他人看法和态度的影响，所以要想排除干扰，就要通过第3条原则——期望，来影响对方的信念和心智，让其相信自己。注意，此时不仅教练相信他，而且他通过感受到教练的期望而使自己相信自己。

绩能教练®的ONE©原则就如同武功心法，是指导本书第2篇教练技能和第3篇教练流程的总纲，是绩能教练®方向之轮的核心。“ONE”这个英文单词就是数字“1”的意思，假如我们用“1”开头写一串数字，比如“1 000 000 000……”。我们知道只有有了最前面的这个“1”，后面添加的“0”才有意义；如果没有最前面的“1”，后面有再多的“0”也没用。教练原则就像这个“1”，有了教练原则，后面增加的“0”（更多的教练技术、工具）才能让教练更强大；反之，如果教练原则没过关，那么就像缺乏最前面的“1”一样，再多的教练技术和工具也是徒劳无益的。

教练的定义

不同的领域、不同的流派对教练的定义各不相同，比如ICF（International Coach Federation，国际教练联合会）将教练定义为："激发客户以发挥其最大潜能的启发思维和创造力的协作过程。"[1]考虑到ICF是培养专业教练的组织，所以这个定义适合专业教练。但这个定义不太符合本书的"简单、实用、有效"原则，因为它不够简洁，不够行为化。

让我们先看一下"教练"的英文——"Coach"这个词的来源。"Coach"这个词原先的意思是中世纪时期的"马车"（见图2-2）。让我们看看马车与教练之间的联系。第一，马车一般是一对一的，教练也是这样，通常是一对一的。第二，马车去哪儿是由谁决定的？是车夫、坐车人，还是马？当然是由坐车人决定的。所以，作为"马车"含义的"Coach"是这样定义的：一种用马提供动力的交通工具，能

图2-2　马车

1 "Partnering with clients in a thought-provoking and creative process that inspires them to maximize their personal and professional potential."——ICF关于教练定义的原文，来自ICF官网。

够一对一地将坐车人送到他想去的目的地。目的地就是目标，因此对应到教练中，教练的直接目的是解决问题，而不是提升能力。这并不是说教练不能提升教练对象的能力，而是说教练的直接目的是要解决教练对象的问题，需要通过赋能让教练对象自己去解决问题，因此在这一过程中教练对象的能力自然就被提升了。

让我们再来对比另一种我们熟悉的交通工具——火车（见图2-3）。我们知道火车的英文是“Train”，它还有一个意思是什么？那就是“培训”的意思。第一，火车是一对多的；第二，决定火车去哪儿的既不是司机也不是火车头，而是轨道。轨道就是共同的路径，意思是火车无法做到将每一位乘客送至目的地，只能按照统一的路径将乘客送到车站。在火车到站之后，乘客如果要去真正的目的地，比如回家，则需要自己再步行或乘坐其他交通工具。也就是说，培训是一对多的，参加培训的每个人都希望通过培训解决问题，但培训只能做到帮助大家提升相同的能力，能力提升之后需要学习者自己应用培训中学到的知识去解决自己的问题。

图2-3　火车

我们把“Coach”与“Train”之间的联系与区别列在表2-1中。

表 2–1　Coach 与 Train 的联系与区别

Coach	Train
马车（名词）	火车（名词）
教练（动词）	培训（动词）
一对一	一对多
由坐车人决定去哪儿	由轨道决定去哪儿
教练的直接目的是解决问题	培训的直接目的是提升能力

由此，绩能教练®给出教练定义：

教练是基于对话技术，赋能个人达成绩效目标的持续过程。

上述定义中有4个关键词：一是对话，意味着教练技术的本质就是对话；二是赋能，表示教练的过程就是赋能；三是个人，说明教练是一对一的；四是绩效目标，代表教练是以成果为导向的，是以解决问题为根本目的的。

教练的价值

绩能教练®可以为员工、管理者以及组织带来多方面的积极影响。

首先，在员工层面，绩能教练®可以快速激发员工的工作意愿和能力，让员工实现从不愿意到愿意、从不会到会的转变，提升员工的工作绩效并为企业培养人才，从而提升人力资源的竞争力。

其次，在管理者层面，绩能教练®可以通过提升自身管理能力使自己成为教练型管理者，从而促进团队协作，打造高绩效团队。

最后，在组织层面，绩能教练®可以提升组织绩效，建设互信互赖、积极正向的组织文化。

从体育教练到企业教练

目前，普通人对教练的认知多数源于体育教练。事实上，企业教练的技术方法的确源自体育教练。从体育教练到企业教练的过程来自一个具有传奇色彩的网球教练蒂莫西·加尔维和他同样传奇的经历。

加尔维早年是哈佛大学网球队队长。有一天，有位网球教练因故不能来授课，加尔维大胆调用滑雪教练来教队员打网球，结果效果出奇地好。经过认真的研究之后，加尔维宣称自己找到了一个不用“教”就可以让任何人在20分钟内学会打网球的办法。这在当时引起了很多人的质疑。有一天，美国广播公司的记者组织了20个从来没有打过网球的人特意上门求证，要求加尔维在20分钟内教会他们，并现场全程拍摄。

一位叫莫莉的女士，竟然穿了一条像木桶一样的长裙，170磅（约154斤）的她，已有多年不运动了，笨重的身体连行动都不方便。她本人也笃信自己是无论如何也学不会打网球的，结果她却成了第一个被教的对象。所有的人都幸灾乐祸地看着加尔维。加尔维看了一眼这位女士，然后对那位记者坚定地说：“她一定能学会！”如此简单而充满力量的话瞬间引发了莫莉的好奇心。

加尔维站在莫莉面前，告诉她打网球其实很简单。当球飞过来，你就用球拍去接。接中了你就说：“击中了（Hit）！”如果球落到了地上，你就说：“弹回（Bounce）！”在练习的过程中，加尔维还告诉莫莉：“忘记所有的动作，你的眼睛只需要看一个地方，那就是球。当球过来时，用你自己最擅长的动作去击打它，不要去担心姿势和动作的对错，只要击打到球，你就成功了。”

慢慢地，莫莉击中球的次数多了，球弹回的次数少了。在最后3分钟的时间里，加尔维开始教莫莉网球中最难的部分，即发球。加尔维对她说：“闭上眼睛，想象跳舞的样子。想想你是怎么跳舞的，然后睁开眼睛，随着这种节奏发球就可以了！”奇迹出现了！所有的电视观众看到了，穿着裙子的莫莉在场上跑来跑去，虽然很不方便，但却能自如地打网球了！

后来，当整个过程在电视上播放的时候，一群心理学家就开始研究加尔维整个教学过程的原理，发现整个教学过程可以被拆分成3个阶段，每一个阶段都解决了不同的问题。

第一个阶段，加尔维没有让莫莉直接打网球，而是在解决她的心理问题。加尔维坚定的一句“她一定能学会！”瞬间清除了莫莉内心的障碍，让她相信“我行”，也就是从她认为自己学不会到学得会的信念的转变。

第二个阶段，加尔维开始教莫莉打网球，告诉她：只关注球，当球过来时，用你自己最擅长的动作去击打它。当莫莉的球拍的任何部位击打到网球的那一刻，加尔维都在旁边大声说：“太棒了，你又做到了！”在这种鼓励下，莫莉开始慢慢地释放出自己的能量和潜能，便能够打到更多过来的球。

第三个阶段，加尔维不是简单地告知，而是尝试用一些提问的方式去引导她：“你尝试一下这样站和刚才那样站在击打球时有什么不同？你尝试一下，这样握拍以及这样挥拍和刚才有什么不同？”加尔维用这种引导的方式期待她自己探索更好的打球方式。就这样，当20

分钟结束的时候，她真的学会了。事后莫莉回忆说："如果老是想什么是标准的动作反而就打不好了。"

整个教学过程的内在系统显然蕴含了绩能教练®的ONE©原则。

1977年，在加尔维把这位女士教会后，美国电话电报公司（AT&T）的CEO（首席执行官）便把他请到自己的企业来，为企业的高管上课。高管在听他讲课的时候很快就发现，这位教练教会别人打网球的原理和带领下属创造高绩效的原理是一样的，企业教练也就应运而生。

目前，"教练技术"被誉为全世界最具革命性和效能的企业管理技术，已成为企业提高生产力的最新、最有效的管理方法之一。迄今为止，蒂莫西·加尔维仍然使用这种被他称为"内部游戏"（inner game）的方法辅导来自各个领域的人，帮助他们提升个人生活和职业技能。

体育教练理念与企业教练理念

体育教练的很多理念、技术和方法都有着企业教练值得借鉴的地方。

第一，体育教练有没有目标呢？有！他的目标是什么？就是拿冠军，而且是带领团队拿冠军，是以成果为导向的。那么，企业中的管理者是不是也要拿成果？是！企业管理者要拿到什么样的成果呢？也就是拿绩效，不是管理者个人拿到了多少绩效，而是管理者带领的团队取得了什么样的成就。然而，很多企业管理者要么目标不清晰，不知道要往哪里去，要么只能自己拿绩效。

第二，在运动员拿到冠军之后站在领奖台上的是谁？是运动员，而不是教练。所以，体育教练成就的是运动员。那么大家来思考一下，在企业里，我们优秀的管理者要成就谁呢？要成就的是员工。当年，阿里巴巴在美国上市，就是普普通通的 8 位员工与客户代表上去敲钟的。在现场，马云面对全世界记者说了这么一句话："我们奋斗了15年，不是为了让我们站在那里，而是让他们站在台上。我们相信只有他们成功了，我们才能成功。"[1] 遗憾的是，现实中很多企业有了成绩，享受鲜花与掌声的往往只是管理者，出了问题背负责任、被开除的却是员工。

第三，在体育教练执教期间，教练和运动员相比，谁的专业技能更强？答案肯定是运动员。那么，在实际企业环境中，企业管理者和业务担当者相比，一般谁的专业技能更强？很多企业是管理者的专业技能高于业务担当者。在一个企业里面，如果专业人员的专业技能一直比管理人员的低，那么这样的企业要么招人有问题，要么培养人有问题。这样的团队是非常危险的，因为它无法达到一加一大于二的效果，管理人员的高度限制了整个团队的高度。所以，企业教练也一样，在团队里面谁的专业技能应该更强呢？答案就是专业人员。专业人员的专业技能一定要比管理人员强。

第四，教练上场吗？答案肯定是不上场。队员才是执行任务的专才。那么"猴子"在谁身上？队员！很多时候，我们的管理者会亲自出马。企业管理最常出现的一个困惑就是管理者自身忙碌不堪，下属无所事事。

第五，在体育领域，谁对团队的最终绩效负责？答案是体育教练。如果一个团队的成绩不好，那么谁负全责？答案是教练，而不是运动员。大家都会认为这是教练的水平有问题，最终被开除的也是教练。然而，如果企业中一个团队的绩效不好，首先被开除的是谁？往往是员工。管理者要明白，每当有员工失败，你的败绩也便增加了一次，

1　参见http：//jrzb.zjol.com.cn/html/2014-09/20/content_2828473.htm?div=-1。

所以在辞退员工之前，你要做的最后一件事情便是对镜子中的自己说一句“你失败了”，然后走出去对员工说“你被开除了”。

体育教练的以上5个特点是不是非常值得企业管理者学习呢？所以，体育教练以特别快的速度进入了企业管理领域。表2-2是体育教练、一般管理者和教练型管理者的联系与区别。

表2-2　体育教练、一般管理者和教练型管理者的联系与区别

比较维度	体育教练	一般管理者	教练型管理者
目标是什么	带领团队拿冠军	自己拿绩效	带领团队拿绩效
谁站在领奖台上	运动员	管理者	下属
专业技能谁强	运动员	管理者	下属
谁上场	运动员	管理者	下属
谁对最终绩效负责	教练	下属	管理者

非教练式对话与教练式对话练习

请对照第1章两段对话（非教练式对话与教练式对话），找一位下属（或者同事）分别准备两段对话，体会非教练式对话和教练式对话的区别。

你自己来扮演上司，你找来的搭档扮演下属。每段对话控制在3分钟以内。你可以事先准备脚本。有条件的朋友可以用摄像设备将对话内容录制下来，作为回放的资料。在对话结束后，你可以让你的搭档谈谈他的感受。

第 2 篇　教练技能

掌握教练的 3 项技能，进行简单式教练对话要想成功，你很快就会像我一样知道扎实的基础教育——读写能力（包括语言、数字）和沟通技能——的重要性。

——艾伦·格林斯潘（Alan Greenspan）

在第1篇中，我们学习了教练原则，即武功心法。教练原则是通过教练的行为来体现的。就像学习武功一样，心法虽然重要，但要落地就需要依靠扎实的基本功，这就是教练的核心技术。

从教练的定义我们知道，教练技术的本质就是对话，而对话则至少包括3个方面，即听、问、说，因此我们即将学习的3项教练的核心技术就是深度倾听的技术、有力提问的技术和有效反馈的技术。只要掌握了教练的这3项核心技术，你就能顺利地进行简单式教练对话了。

那什么是简单式教练对话，什么又是复杂式教练对话呢？要严谨地回答这个问题需要学完本书第4章关于“教练对话的过河模型”的内容。我们这里先举个简单的例子来说明一下。本书第1章有两段对话，即非教练式对话和教练式对话，其中第2段的教练式对话就是一个典型的简单式教练对话。简单式教练对话有什么特点呢？最直观的特点就是内容很短。如果用时间来衡量，那么对话时间需要持续3 ~ 5分钟。所以，我们先粗略地用所需的时间来简单区分一下简单式教练对话和复杂式教练对话：简单式教练对话需要的时间比较短，平均时长为3 ～ 5分钟，最长不超过10分钟。

对话所需要的时间长短主要是由什么因素来决定的呢？答案是对话所要解决的问题的复杂程度。不过，这里的复杂程度是一个相对的概念，是指问题相对于教练对象的能力的难度或者复杂性。也就是说，同样的问题对于能力强的下属就很容易，教练只需用简单式教练对话就能启发（赋能）对方找到方案；而同样的问题相对于能力弱的下属就会很难，教练需要花更多的时间来使用复杂式教练对话才能启发对方找到方案。这里，我们可以看出问题的相对复杂性不仅会影响对话所需要的时间，还会对教练一方的技术提出不同的要求：简单式教练对话对教练一方所要求的技术也比较简单，教练只需要掌握3项核心技术（倾听、提问、反馈）就行；复杂式教练对话对教练一方所要求的技术则高一些，除了3项核心技术外，教练还需要掌握教练流程（见第3篇）。

本篇主要学习教练的3项核心技术，以解决简单式教练对话的技术问题。这3项技术是教练技术的基本功，是通向更难的复杂式教练对话的基础，是绩能教练®方向之轮的轮辐，起到支撑和连接轴心（教练原则）及轮框（教练流程）的作用。

在开始具体学习教练的3项核心技术之前，我们还必须先清楚它们之间的逻辑关系，以便更好地理解这3项技术在对话中的作用和相互间的影响。我们可以用教练之树（见图Ⅱ-1）来形象地说明这种逻辑关系。

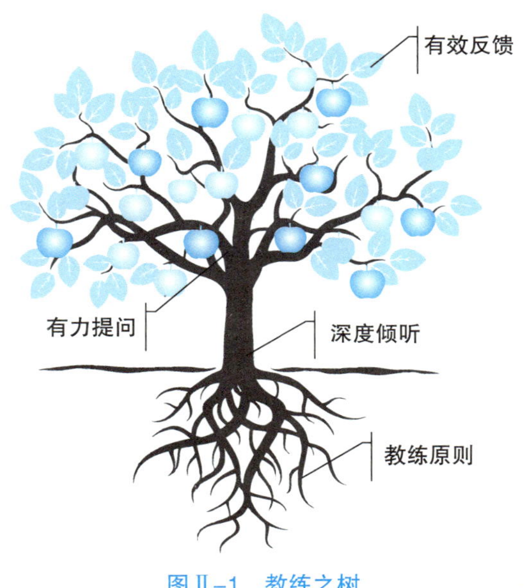

图Ⅱ-1　教练之树

绩能教练®之树[1]

对于一棵树，你首先看到的是什么？当然是树干，因为它是支撑整棵树的基础。那么，倾听、提问、反馈这3项技术中的哪一项是对话基础呢？当然是倾听。我们知道教练对话的一个基本特点就是：自己少说，让对方多说。怎么让对方多说呢？首先是倾听，让对方感受到你有兴趣听他说，甚至你能理解他说的，这样对方就自然愿意说下去了。所以，倾听是树干，是对话的基础，树干粗壮就意味着好的倾听能打开对方的心扉。

接着，顺着树干向上分出了很多枝杈，也就是树枝，这些又代表

1　完整的教练之树请参考本书第4篇引言部分。

什么？树枝的形状很像人的大脑或者思维网络，不断向外延伸拓展。那么什么才能让对方的思维延伸拓展呢？那就是提问。在对方的心扉被打开后，你就可以用提问来启发对方思考了。树枝的每一个节点都是一个有力的提问，树枝分散得广、延伸得深就意味着好的提问能扩展对方的思维。

树枝的末梢就是树叶了。有力提问让对方的思维打开了，他们知道该怎么做，也愿意去做，那么最后就是落实在行动上。这些行动就是通过我们的“说”——有效反馈——来强化的。一阵风吹来，沙沙作响的都是树叶。所以，有效反馈是树叶，树叶茂密意味着反馈的次数、频率要多而且及时。

树干、树枝、树叶都是看得见的部分，那么树还有一个重要的看不见的部分是什么？答案是树根。虽然我们看不见树根，但它决定着树的生与死。教练体系的哪个部分是看不见的，但又像树根一样决定着教练对话的成功与否呢？那就是教练原则。没有体现教练原则的对话就像无根之树，是假的、死的。

有读者可能会问，树上的果实代表什么呢？果实就是树根、树干、树枝、树叶都生长好了以后结出的可以食用的部分，也就是教练的工具和流程。因此，这棵树还没有画完，剩下的果实部分将在第3篇教练流程里学习。

第3章　深度倾听

对话的第一步就是让对方愿意说给你听，并且能够把内心真实的想法向你倾诉，即向你敞开心扉。然而，敞开心扉意味着把自己毫无保留地暴露在他人面前，这是非常有风险的。怎么做？这就需要绩能教练®的第1项核心技术——深度倾听的技术，即打开心扉、建立信任的技术。

可是怎样才算打开心扉了呢？打开心扉的具体标准又是什么呢？在理性地给出答案前，我们先邀请大家感性地体会一下下面这首诗。

听了你的话，我仿佛受了审判，
无比委屈，又无从分辨。
在离开前，我想知道，
那真的是你的意思吗？
在自我辩护前，
在带着痛苦或恐惧质问前，

在我用言语筑起心灵之墙前，
告诉我，我真的听明白了吗？
语言是窗户，或者是墙，
它们审判我们，或者让我们自由。
在我说与听的时候，
请让爱的光芒照耀我。
我心里有话要说，
那些话对我如此重要，
如果言语无法传达我的心声，
请你帮我获得自由，好吗？
如果你以为我想羞辱你，
如果你认定我不在乎你，
请透过我的言语，
倾听我们共有的情感。

这是鲁思·贝本梅尔（Ruth Bebermeyer）的一首诗——《语言是窗户（否则，它们是墙）》。我们常常认为听很容易："人一生下来，有了耳朵就能听，听有什么难的？"然而，国际倾听协会（International Listening Association）的数据显示，高达80%的人都是不及格的倾听者。听为什么难？倾听的难点在哪里呢？让我们用一个真实发生的故事来说明。

我有一个朋友（以下用Y来称呼他）曾经和我说过这么一件事。Y的工作日程是非常繁忙的，他常常因为出差和加班而错过与家人团聚的机会。他有一个6岁大的儿子，儿子经常抱怨爸爸很少在家，很少有时间陪他。

有一次，因为Y的行程被临时取消了，所以他决定早点回家陪孩子。当他到家的时候，孩子还没回来。于是，他决定不做别的，就坐在进门的沙发上等孩子回家，这样他在第一时间就能看到孩子。几十分钟后，他听到了门外有熟悉的声音，他判断应该是他的爱人和孩子回来了。果然，随着门被打开，他一眼看到了孩子，孩子也同时看到了自己的爸爸。因为实在有些意外，孩子看到爸爸的一瞬间有些愣住了，但很快就激动得连鞋都没脱就向爸爸怀里扑过来。Y当然也很激动，赶忙站起来一把抱住自己的儿子。正当他激动不已想对孩子说些什么的时候，孩子嘴快，首先开口对Y说了一句："爸爸，他妈的。"请你想象一下这位父亲当时的心情和反应。Y后来向我叙述这件事的时候说，当时他的感受就像被雷劈了一样，立刻火冒三丈，想都没想举手就打了孩子一巴掌。孩子的哭声惊动了跟在后面的妈妈，妈妈赶紧跑过来问："怎么了？"孩子就和妈妈哭诉："爸爸打我。"妈妈赶忙问："怎么会呢？刚进门爸爸为什么要打你？"孩子被这么一问，也愣了一下（估计在想：对啊，为什么一进门就挨揍呢？），但很快他想到了刚才自己说的话，就继续诉说："刚才我对爸爸说'他妈的'，他就打我了。"妈妈听到这里，就干脆让孩子坐下来，自己也蹲在孩子身边详细地询问起来。20多分钟之后，孩子总算把事情断断续续说清楚了。事情是这样的，在学校的时候，Y的儿子看到他的两位同学起了争执，其中有一位同学"说"了一句"他妈的"。结果在一旁的老师做了一个和妈妈类似的举动，就是把这位同学拉到一边让他坐下来，老师自己也蹲下来"亲切"（Y的儿子这么描述）地和他的这位小同学交流了很久。

听到这儿，Y的眼泪立刻就掉了下来，因为他终于明白儿子虽然不知道"他妈的"这3个字是什么意思，但一定知道这3个字特别管用！想必大家也看明白了，"管用"就是孩子认为"他妈的"这3个字有一种魔力，只要大人听到了，就会像老师一样蹲下来和自己耐心地说话。

听的3个层次

当年，这个故事也给我留下了深刻的印象。这个例子说明，倾听并非像我们想象的一样简单。倾听至少有3个层次，如图3–1所示。

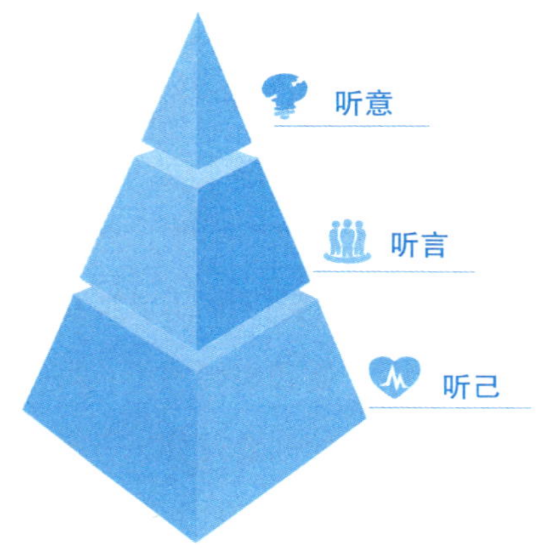

图3–1　听的3个层次

最浅的层次就是听自己。什么是听自己呢？刚才例子中的这位父亲就是只听到了“自己”。他为什么突然心情大变并出手打孩子呢？因为他听到的是骂人的粗话、脏话，听到的是孩子没有教养。“粗话、脏话、没有教养”其实都是他“自己”对这3个字的解读，是基于自己的想法、感受或者对对方话语的理解给出的反应，是自己内在世界的投射。

比听自己略好的就是听内容。所谓内容就是语言本身的意思。请看下面的例子。

假如今天你下班一回到家，老婆就特别开心地从房间里跑了出来，手里还拿着一条裙子，问你：“老公，这条裙子好看吗？”“怎么又买衣服了？多少钱？”很多老公会这样反问。如果你的回答也是这样的，那么说明你在“听自己”的层级。有的老公会回答：“好看。”这个回应怎么样呢？

老婆继续说话了：“老公，这条裙子是我今天逛了十几条街、十几家商店好不容易才买到的。”你又会怎么说？“啊，你体力真好，真能逛！”“累不累？”“你牛！”这又是很多老公的回答。

老婆继续说道：“老公，这条裙子花了我两万元呢……”这时大部分老公都会跳起来：“什么?! 两万元？”“真是败家啊!”“看来今后绝不能让你自己逛商店了……”

对于老婆说的每句话，老公全都听见了。但是，老公听懂了吗？老婆真正想要表达的是什么意思呢？“老公，我有多么喜欢这条裙子！”老婆真正想要听的回答是什么呢？“老婆，你穿这件衣服，肯定会非常漂亮！”是吗？很多人可能只是听到对方的“言”，却没有听懂对方的“意”。

所以，最高层次的听，听到的不仅仅是语言本身的内容，更是这些语言背后的“意思”，也就是我们古人所说的言外之意、弦外之音。彼得·德鲁克也说过：“沟通最重要的就是听到对方没说的。”那对方没说的指的是什么呢？绩能教练®给出如下回答。

深度倾听的定义

深度倾听就是站在对方的立场听到话语背后的事实、感受、需求。

“站在对方的立场”是要超越“听自己”的层次。“听到话语背后的”就是要超越“听内容”的层次而达到最高层次——“听到对方没说的”，即定义里的3个要点：听事实（Fact）、听感受（Feeling）、听需求（Focus）。我们也将听事实、听感受和听需求叫作3F倾听。

这个定义体现了绩能教练®的ONE©原则：相信（对方愿意并且能够畅所欲言），赋能（打消顾虑、建立信任，让对方想说并能说），期望（对方真实地说出事实、感受与需求）。

深度倾听的定义也给出了衡量倾听技术过关的标准：一是听到话语背后的事实、感受、需求，这是结果；二是站在对方的立场去倾听，这是过程。

区分事实是超越“听己”、同理对方的基础

人的大脑会在接收信息之后马上做出判断，所以我们没有太多的时间和机会去探索真实的情况是什么。当我们听到别人的话语，并且迫不及待地经过自己的判断给出自己的想法时，我们会发现我们所理解的或者感受到的都是基于我们自己的理解。这时我们无法真正进入对方的世界，无法与人建立信任关系。

电影明星周星驰曾讲过儿时的一段故事。[1]他的父母在他7岁的时候离异，母亲带着姐姐、妹妹、他一起生活，4个人的日子过得非常艰难。每次吃饭的时候，7岁的周星驰都要把最爱吃的鱼扔在地上。妈妈就会骂他浪费，并且一边骂一边把鱼捡起来洗干净再吃掉。

看到这里，也许你会马上给这个孩子贴上“叛逆”的标签，也会同样地指责他。多年后，周星驰才说出其中的秘密：“因为那时候家里过得很苦，妈妈经常把好吃的留给我们。我一直想让她吃点鱼，但是

1　参见樊登的《可复制的领导力》，中信出版集团，2017年出版。

她就是不吃，所以就把鱼扔在地上。虽然这样我会被骂，但是妈妈能吃到鱼。”

事实是客观的存在，不管你有没有看到它，它就在那里，不以人的意志转移。然而，评判可以“仁者见仁、智者见智”。这个故事说明，不从主观的视角而是站在对方的立场去区分事实是什么非常关键，这时我们对整个事件做出的反应就会完全不同，因为每个事件背后都有其必然的逻辑。可是，由于人们的认知方式不同、理解的概念不同、思考的路径不同、关注的重点不同以及情绪的触点不同，人的认知逻辑和事件的实际逻辑会产生偏差，扑朔迷离、错综复杂的表象会掩盖事实的真相。

同理感受是超越“听言”、走进对方世界的窗口

区分事实并不代表忽略对方的观点和评判，而是要探究观点背后的感受与情绪。比如，你的一位下属向你诉说：“公司的考评一点也不公平，我的绩效明明比小王好，为什么受表彰的是他！”这句话充满了观点和评判，你要设身处地地去体会对方的感受和情绪，而不要简单地给对方贴上“抱怨”的标签。当我们能够对他人的感受表示理解和尊重时，他们才会增强自尊和自信，才会打开心扉，从而做出更好的选择。

有一次，我到一家企业上课。该企业的人力资源总监过来找我，说：“老师，我能耽误您一点时间吗？”我笑着回答：“好的。”后来，我只是专注地听着，他说的时间也并不是很长。最后，他轻松地说：“说完后我感觉舒坦多了，内心堵得慌的感受没有了，谢谢老师。”然而，让我特别意外的是，他话锋一转，自言自语道：“其实，我也有做得不对的地方……”我微微笑着说：“其实，你已经有答案了，是

吗？”他点了点头。

只有人的感受被理解和接纳了，他情绪上的“结”才能被解开，他才能开始觉察自己的情绪和行为，才能开始有意愿改变自己。就像卡尔·罗杰斯（Carl Rogers）所说的：“如果有人倾听你，不对你评头论足，不替你担惊受怕，也不想改变你，这多美好啊……每当我得到别人的倾听和理解时，我就可以用新的眼光看世界，并继续前进……这真神奇啊！一旦有人倾听，看起来无法解决的问题就有了解决办法，千头万绪的思路也会变得清晰起来。”

挑战就在于，我们很难同理别人的感受，连体会自己的感受也有很大的困难，因为我们从小欠缺这方面的培养。为了方便大家的掌握，我们总结了一些常用的表达感受的词，如图3–2所示。

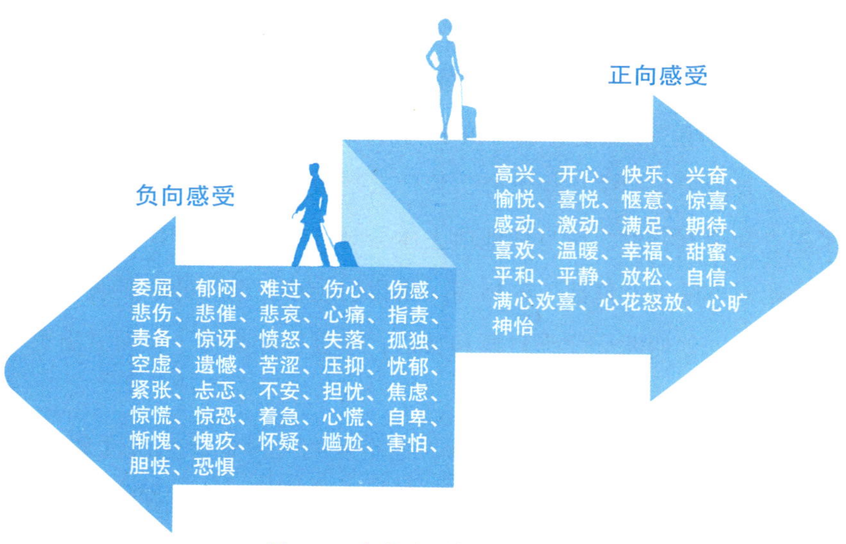

图3–2　负向感受与正向感受

了解需求是达到“听意”、读懂对方的钥匙

仅仅同理感受、情绪还不够，我们还要了解背后的需求。为什么

人会有情绪，会不开心？因为需求没有得到满足。请记住：任何情绪和行为背后都有想要被满足的正向需求。比如向你“抱怨”考核不公平的下属，他的需求可能是希望自己也能受到表彰。不是吗？美国知名政治家、外交家阿德雷·史蒂文森（Adlai Stevenson）曾说过：“在了解人们的需求时，需求就已经被满足了一半。”

3F 倾听情景案例

在学习了深度倾听的定义和3F倾听的含义后，我们通过一个例子来检验一下掌握程度。例如，昨天你给下属布置了一项非常重要的任务，并且嘱托下属一定要在今天上午完成，下属也答应了。可是，今天早上下属突然给你打来电话，说：“领导，真的不好意思……昨天晚上我女儿突然发高烧，所以我想上午先带她去一下医院……”请问：这个例子中的事实、感受、需求各是什么？

说到事实，大家会有不同的意见。有人说会议开不了是事实，有人说下属上午来不了公司是事实，也有人说下属想要请假是事实，还有人说孩子生病了是事实……但事实只有一个，到底什么才是事实呢？

如果我们把事实定位在会议开不了、下属上午来不了公司和下属想要请假上，那么我们的第一句话很可能就是：“那会议怎么办？”“那你什么时候来？”“你做好会议交接了吗？”

那么，当对方在第一时间听到这些话的时候，他又会有什么样的感受呢？他有可能感觉挺失落的，甚至感觉领导没有人性……当员工有这样的感受的时候，心扉就会马上关闭，他也就很难站在领导的立场来考虑领导的感受了。这时，双方的距离就会越来越远。区分事实非常重要，教练的本质就是剥离表象，觉察真实的事实是什么。然而，这一切都需要“站在对方的立场上”。

我们说听是要站在“对方的立场”上听。那么，我们站在对方的立场上再重新分析一下。大家觉得这位下属在给领导打这个电话之前，他有没有纠结过？肯定有。但是，他在纠结之后仍然选择了给领导打电话，说明他已经做出了选择。他的选择是什么呢？孩子。这样分析下来，站在对方的立场上的事实就是“孩子生病了”。所以，现在下属的感受是什么呢？非常着急。着急的感受背后又会有什么样的正向需求呢？想请假，先带孩子去医院。

所以，如果我们说出去的第一句话是：“我刚才听到你的孩子生病了（区分事实），所以你现在特别着急（同理感受），你想先带孩子去医院（求证需求），是吗？”那么，对方的感受又会怎样？他会特别感动，感觉特别温暖，觉得领导特别有人性。既然下属感觉到温暖了、被感动了，那么他又会不会站在领导的立场来考虑领导的感受和需求呢？至少这种可能性大大提升了。

浅层倾听是以回应为目的的倾听。这时倾听者的注意力都在自己身上，即以自我为中心的听。在这种状态下，人们很难把对方的话听进心里，因为比起了解对方的感受和需求，他们更在意的是自己该如何回复对方。

深度倾听是以理解和接纳为目的的倾听。我倾听你是为了更好地理解你、接纳你。在这种状态下，我们就会把注意力放在对方身上，放下自己关于这个情境的所有偏好、评判、看法和建议，以对方为中心，一心一意地体会他人。

那么，我们怎样才能做到3F倾听呢？

ART倾听法

ART倾听法就是把倾听过程分成3个逻辑步骤，即接纳（Accept）、回应（Reflect）、求证（Test），如图3-3所示。你只要按照这个步骤做，自然就做到了深度倾听，非常简单。

图3-3　倾听过程的3个步骤

第一步：接纳

接纳是深度倾听的第一步。最重要的是，我们要把说话的机会让给对方，让对方开口说话。如何做好“接纳”这个行为呢？关键要领就是要控制住（Hold住）。首先要控制住自己的嘴巴。有一句很有诗意的话：“上帝给了我们两个耳朵、一张嘴巴，是希望我们多听少说。”学会说话是一种能力，我们需要两年的时间；然而学会闭嘴是一种智慧，我们需要一生的时间。

即使我们能做到住嘴，但是心里却在说：“瞧你说的是什么呀？一点儿都不符合逻辑。”虽然嘴上不说，但是只要心里有这样的评判，也无法做到很好的接纳。所以，我们除了管住嘴，还要控制住自己的思维判断和心里的评判。可是，思维和内心的评判不同于嘴巴，这是看不见摸不着的，怎么才能做到控制住呢？这里有一个简单、巧妙的方法：你只要注意避免出现4种特定的行为就可以了。因为行为是可以被观察的，这样我们就容易学习了。那么，哪些行为需要避免呢？让我们一起来看一个简单的例子。

一天早上，8岁大女儿跑过来先对着边上的镜子照了一下，然后对着你说："爸爸（或妈妈），我觉得自己丑得像头猪。"亲爱的读者，如果你要回应，你的下一句话会说什么？我们可能会给出很多答案。

- 一位女士这样说："宝贝啊，你是妈妈最漂亮的小公主啊。"
- 也有男士这样回答："乖女儿，待会儿和爸爸去买件漂亮衣服换上就漂亮了。"
- 很多人这样回应："你哪里丑啦？为什么你会这么说呢？"
- 个别严厉的人甚至这么说："平时就让你少吃些，你不听；像你这么吃，你不像猪还想像什么？"

……

从表面上看，所有的答案各不相同（课堂上我们收集到了上百种回答），但所谓的"不同"只是话术上的不同。如果从逻辑特征上区分，其实总共不会超过4种类型的回应，分别如下。

一是安慰。上面第1种回答就是安慰。当然，具体的安慰话术是不同的。比如，我常常听到女士这样回应："哎呀！宝贝啊，像猪不怪你，关键你爸就是一头猪……"这本质上也是一种安慰的方式。请问，安慰是倾听3个层次中的哪一个？答案最多的是"听言"，即只听话语本身的意思。女儿说自己丑得像猪这只是表面的意思，她内心真的是想与你讨论一下自己是否像猪的问题吗？当然不是。安慰多数是对话语表面的意思回应，是无法打动人的，尤其是后面的这种回应方式（像猪不怪你，关键你爸就是一头猪），不仅承认女儿像猪，还提供了原因证明（爸爸是猪）。安慰会让人觉得谈话双方的心理优势不同，被安慰者处于劣势地位。

二是建议。上面第2种回答就是建议。请问，建议是倾听3个层次中的哪一个呢？答案是“听己”。因为你建议女儿换件衣服相当于告诉她你认为她穿衣服的品位有问题。可问题是，这只是你的想法或者猜测，你怎么知道女儿是对衣服有意见呢？

三是提问。上面第3种回答就是提问或询问。有些人会疑惑：“提问不是教练的核心技术之一吗？教练式对话就是要通过提问启发对方，为什么这里把提问列为需要控制住的行为呢？”没错，教练式对话是需要提问，但不是一开始就提问。ART倾听法的第一步是“接纳”，过早的提问会让对方觉得你更关注的是事，而我们更需要关注他的感受和情绪。后面我们会学到，提问一般发生在ART倾听法的最后一步“求证”之后。

四是评判。上面第4种回答就是评判。本章开始引用的鲁思·贝本梅尔诗歌里面就说了，评判就像审判，会拒人于千里之外，不会打开而会关闭对方的心扉。

总结一下，接纳简单来说就是要做到控制住自己，至少要做到管住嘴巴和4种回应行为——安慰、提问、建议、评判。这在实战中是很有挑战性的，因为人的大脑是在接收信息之后马上做出判断的，所以我们要对抗自己的本能。人们之所以不能深度倾听，不是因为正在发言，就是因为在准备那些自己想要说的。所以，我们要清空自己，好好地体会一下对方的感受或意图，这个非常重要。有一句格言恰如其分地描述了这种能力：“不要急着做什么，站在那里。”

第二步：回应

或许也有人会说控制住自己还不简单吗，我只要把自己当成木头不就控制住了吗？我们能不能一言不发，什么也不做呢？当然不能。如果我们没有一点儿回应，那么对方就会感觉自己在对着一面墙说话，说不到两分钟肯定也说不下去了。所以，我们也要给对方一些回应。给人回应的目的就是要传达“我很想听，请你继续说”这样的信息。

回应的形式多种多样，可以是一个行为，也可以是一句话，还可以是一种状态。回应不拘泥于形式，这里介绍两种最常用、最高效的回应方式，即肢体语言回应（非语言性回应）和语言性回应。我们先来学习肢体语言回应，它一共有以下五大回应方式。

- 适时点头：表示我接收到了。
- 自然微笑：表示轻松、友好。
- 目光关注：表示尊重和关注。
- 肢体同步：肢体动作与对方大体一致。
- 记录摘要：表示重视，便于回顾。

适时点头、自然微笑、目光关注是我们再熟悉不过的肢体回应。但是，很少有人真正重视这些回应方式，也很少有人能做到。

我们来设想一下，你辛辛苦苦地做好了年度规划，并到领导的办公室去汇报，结果领导很忙，他一边看着自己的电脑屏幕一边听你的报告，你会有什么感觉？你可能会觉得自己没有得到尊重，是吧？对方都不尊重我了，我能跟对方建立信任的关系吗？我真的可以做好汇报工作吗？不如我也草草敷衍一下，赶紧离开那个地方。

但是，如果领导放下手头的所有工作，面带微笑，目光注视着你，还频频点头，那么你又会有什么样的感受呢？是不是越汇报越起劲儿，越有成就感？这时，你在汇报工作时就会滔滔不绝。很多好的创意也是这样被激发出来的，更多的信任关系也是从这些细微的行为开始营造出来的。这足够说明肢体语言的沟通有多么重要。

肢体同步就是指身体姿势、神态、动作与对方大体保持一致，也就是匹配对方的主要肢体动作。比如，下属做错事了，特别拘谨地坐在你面前反省，这时你能不能半躺在椅子上，把胳膊搭在椅背上说："没关系！我不会责怪你，你说说看，具体怎么回事？"大家觉得，下属敢说吗？正确的做法是，你可以坐得稍微端正一些，身体前倾一些。再如，当对方兴奋地手舞足蹈的时候，你的手势也可以适当地夸张一些，你可以时不时地挥挥手臂。同步原则是沟通过程中的最高原则，更是打造共同场域的最佳方式。很多欧美企业就是以肢体同步原则打造企业文化和氛围的。比如，员工在上班时以击掌或者拥抱的方式彼此问候。

记录摘要的价值是表达一份尊重和重视，特别是对方在给一些自己的想法和建议的时候，一定要做记录。记录还有一个作用就是可以对内容进行回顾，还能在事后作为提醒和约定。

语言性回应，即回放对方话语的关键词。

说实在的，肢体语言回应其实是可以装出来的，明明我没在听，但我也可以刻意点头、微笑，并看着你。所以，真正能让对方相信你在听的信号是语言性回应。

你只有真的听了对方的话才可能重复。回放的要点是要能够精准地捕捉到对方的关键词，回应对方的焦点，可以给对方传递强烈的"你懂我"的感觉，这是建立深层联系、创造共鸣的技术。在这个世界上，"懂"比"爱"更重要。对方的话语通过你的嘴说出来，就会产生共鸣，这样双方可以快速建立信任的关系。

那么如何正确回放呢？比如，对方说："我今天好开心啊！"你就可以回放一下："嗯，开心。""开心"就是关键词，此时对方不仅知道你真的在听，而且还能听懂，因为开心是对方此时此刻的情绪感受。

除了重复关键词，还可以适当地加入诸如"嗯、噢、不错……"之类的过渡性词语，让对话更加自然流畅。

语言性回应还要注意以下几点。

- 一定要用对方的语言模式。既然是重复，肯定是重复对方已经说出来的话。
- 重复时仅仅重复关键词，而不复述整句话。
- 匹配对方的音调、音量、音高，将自己转移到对方的模式中。

肢体语言在沟通中所起到的作用往往超乎你的想象。阿尔伯特·麦拉比恩（Albert Mehrabian）是20世纪50年代研究肢体语言的先驱，他发现文字只能表达一条信息7%的意思，声音（包括语气、音调、音量、音高）能表达一条信息38%的意思，而肢体语言能表达一条信息55%的意思。动作学专家雷·伯德惠斯特尔（Ray Birdwhistell）则表示，在面对面沟通中，语言表达的意思少于35%，而超过65%的意思都是通过非语言方式表达出来的。

第三步：求证

如果前两步很顺利，那么此时对方的心扉慢慢敞开了，话语会越来越多，也越有可能把原先不想说的或者表达不出来的想法自然地流露出来。

最后就是要求你从众多的信息中抓取重点。什么是重点？还记得深度倾听里的3F倾听法吗？重点就是对方语言背后的事实、感受和需求。那么，如何确保我们听到的事实、感受和需求是准确的呢？这就要靠最后一步也是最关键的一步——求证。所谓求证就是通过语言向对方确认我听到的事实、感受和需求与对方内心的想法是否一致。

下面直接用话术举例吧。

- 第一，听起来，你是觉得流程很重要，但你认为其他同事却不重视，对吗？
- 第二，听起来，你是因为没有得到领导的认可而觉得难过，是吗？
- 第三，听起来，你是希望能够提升员工的工作积极性，对吗？

我们来研究一下，求证的话术都有什么特点呢？

第一，都是封闭式提问。所谓封闭式提问就是指用“是”“否”“对”“错”等方式回答的提问。关于求证的话术的第一条规律就是一定要使用封闭式提问进行求证。

第二，你可能发现这些句子都是以“听起来”3个字开头的。没错，这是有意给初学者的一种建议，建议大家求证时用“听起来”开头。这样做的好处是提醒自己要尽量使用听到的对方话语里的内容进行求证，而少用自己重新组织的语言。因为有时候你重新组织的语言在你看来是同一个意思，但在对方看来未必如此。比如，下属对你说：“领导，我想回去改进一下我的经营能力。”你这样求证：“你是想回去提升一下你的管理能力，是吗？”可能在你看来“经营能力”和“管理能力”是一回事，但对方可能并不这么认为。下属心里在嘀咕：“领导说的管理能力和我说的经营能力是一回事吗？我是否要和领导确认一下？”所以，为了保持一致，尽量使用对方话语的内容作为求证的主体。

第三，求证一共有3种，即求证事实、求证感受、求证需求，这正好对应了倾听的目的（听事实、听感受、听需求）。比如，前面第1个话术例子是在求证事实；第2个话术例子是在求证感受和情绪；第3个话术例子是在求证需求。求证需求的话术有个特点就是经常使用“希望、目标、结果”等表示需求的词。

最后要说明的是，对于特别简单、明了的事不一定要求证，否则会让人觉得你是明知故问。比如，有人问你洗手间在哪里，你非得求证一下：“听起来，你快憋不住了，是吗？”你一定会觉得很可笑。

各位读者，还记得在第一步“接纳”里举的女儿说自己丑得像猪的例子吗？此时此刻你觉得最适合的回应方式应该是什么呢？答案就是用求证的方式。

我们可以求证一下她的感受，比如：“宝贝啊，听起来，你对镜子里的自己不太满意，是吗？”当然，我们也可以求证一下感受背后的需求：“听上去，你是希望镜子里的自己更加漂亮，是吗？”如果女儿回答：“嗯，是的。”那么恭喜你，你真的听懂了她的需求。接下来，你就可以继续提问了：“女儿啊，那你觉得如何才能让镜子里的自己更加漂亮呢？”这时候她可能就会说：“爸爸，昨天我看见妈妈在用一支刚买的口红，可漂亮了。我也想要，可是妈妈说小孩子不能涂口红……”瞧，原来是这么回事，如果你一开始没控制住自己就直接安慰、提问、建议和评判，那么这就不合适。

此外，在求证需求时还要注意一点，需求一定要正向表述。人们常常会用“负向”表述的方式描述自己的需求，比如“我不要总是抱怨”，“不要”就是负向表述。我们可以用正向表述：“我们要更加积极”或“我们要更加乐观”。

为什么需要将负向表述转为正向表述呢？让我们来体验一下负向表述会有什么样的影响。接下来，请大家不要去想一只老虎，不要去想大老虎，也不要去想小老虎，当然不能去想白色的老虎，你想都不要想黑色的老虎，言而总之，你们不要去想老虎。各位读者，当你读前面这段话的时候，你的脑海当中出现了什么？是不是形形色色的老虎？

根据心理学的研究，人的潜意识是无法对“不”字表示的意思做出直接反应的，所以我们一定要把负向的表述转成正向表述来求证。

当然，负向表述并不总是以“不”字表述的。“我想避免……”“我担心……”“希望防止……”等都是负向表述的形式，这些都需要我们在求证的时候将其转为正向表述。

总结一下 ART 倾听法。“接纳”简单来说就是控制住自己，起码不能出现安慰、提问、建议、评判的行为，把说话的机会交给对方，自己则完全放下，并接纳对方。当对方开口了，则进入“反应”环节，即用非语言和语言的方式让对方感受到我在认真倾听，感受到我的理解和鼓励，从而进一步敞开心扉。“求证”则是在对方打开心扉后去听懂语言背后的事实、感受和需求，并和对方进行求证确认。

如果对方认可了求证的需求，那么我们就可以进入提问启发环节。本书下一章将介绍如何围绕需求展开有力提问，让对方自己探索满足需求的方案——这就是简单式教练对话的基本逻辑或流程。

求证得到对方否定的回应怎么办

读者一定会问：“如果求证之后，对方说‘不是的’，怎么办？”

即求证错了怎么办？没关系，我们可以再尝试求证一次。有时，对方的表达可能缺乏逻辑，并且比较混乱，我们比较难理解对方内容的重点，有可能会发生求证错误的情况。重要的是，我们有向对方表达我想要理解你的态度。只要对方感受到了这份诚意，很多时候即使你求证错误，对方也都会主动说出自己真实的想法。

如果真的发生求证了四五次，对方仍然说不是，那么就不要再坚持求证了，我们可以直接提问。

求证问题背后的需求

通过前面的学习，我们应该体会到“求证”是ART倾听法中最关键的一步。因为“求证”体现了倾听的成果，即是否听到了语言背后的事实、感受和需求。尤其求证需求是解决问题对话中非常关键的一步，因为需求背后隐藏着我们所需要解决的问题的目标。这样我们就能先界定需求与目标之间的关系。需求就是模糊化的目标，目标就是精确化的需求。下面，我们来详细探讨一下这个问题。

让我们先思考一个特别重要而又基本的概念：什么是问题？或者说问题的本质是什么？这个概念是教练、顾问以及所有以解决问题为职业的人首先需要掌握的概念。咨询界对问题的定义非常简洁：问题=目标－现状。这意味着一个表述清晰的问题必须包含两部分信息：第一，必须说明希望达成的目标是什么；第二，必须说明和目标相比现状如何。如果两者之间有差距，那么这个差距就是问题！所以，问题的本质就是差距，有差距才有问题，没有差距就没有问题。

还记得第2章绩能教练®给出的教练定义吗？教练是基于对话技术，赋能个人达成目标的持续过程。教练对话的目的就是通过赋能，让对方解决问题，完成从现状到目标的过程。

在教练对话的开始，教练首先运用ART倾听法的接纳和回应，让对方愿意并且自由地说出想解决的问题；当对方完成问题的描述后，教练就可以用最关键的求证技术对问题背后的需求（目标）进行确认。如果求证需求正确，那我们就可以进入下一个环节，即有力提问。所以，求证问题背后的需求是承上启下的关键一步。

如果对方描述问题特别规范清晰，也就是按照问题的要求把对应的目标和现状都说得清清楚楚，那么教练求证需求也就特别简单。根据“问题=目标－现状”的公式，求证需求就是求证目标。[1]比如，你问下属：“你今天找我想聊什么呢？”[2]下属说：“目前，部门工作进度完成率只有30%，远低于计划的90%，我想赶上计划的工作进度要求。”这位下属对问题的描述特别清晰，把目标（进度达到计划90%）和现状（完成率30%）都描述出来了。教练求证需求也很简单：“你是希望提升部门的工作进度到计划的90%，对吗？”

可是，在现实中，因为对问题理解的差异和表述能力的不同，会出现3种对问题的描述情况。

第一，只描述了目标，没有描述现状。比如，“如何提升员工的积极性”。“提升积极性”是目标（需求），但没有描述现状。其实这种情况也很简单，因为此时教练只需要对需求进行求证即可，所以直接求证：“听起来，你是希望提升员工积极性，是吗？”

1　需求和目标在这里不做区分，都是指想要达成的结果，两者之间的区分请参考本书第6章中的“解决问题的第3条路径”部分。

2　这里举的例子是假设下属带着问题找上司，对于上司看到问题找下属谈话的情境在第3篇教练流程里叙述。

第二，只描述了现状，没有描述目标。比如，“员工解决问题的思路不够清晰”。“思路不够清晰”显然是现状，虽然下属在描述问题时没有对目标提供任何信息，但因为他描述的现状简单明了，让倾听的人很容易推测出现状所对应的需求。这里我们大致可以推测对方的目标（需求）是希望员工思路清晰，所以可以这样求证：“听起来，你是希望员工解决问题的思路更加清晰，对吗？”

第三，既没有描述目标，也没有描述现状。比如，有一次我辅导一个下属，当我询问完对方想要讨论的问题时，下属说：“我想聊聊老员工的问题。”这句话既没有提供任何目标的信息（希望老员工怎么样），也没有提供任何现状的信息（老员工目前什么状态），那我该怎么办？这时，我只能用下一阶段的提问技术，用提问引导下属把希望达成的目标描述出来。于是，我就问：“那你希望在老员工的问题上达成的目标是什么？”对方想了一下，继续说：“我希望老员工能主动带新员工。”所以，目标出现了。此时，你就可以求证了：“你是想提升老员工带教新员工的主动性，是吗？”

我们把上述的3种问题描述与求证方法的对应关系画成如图3-4所示的示意图。

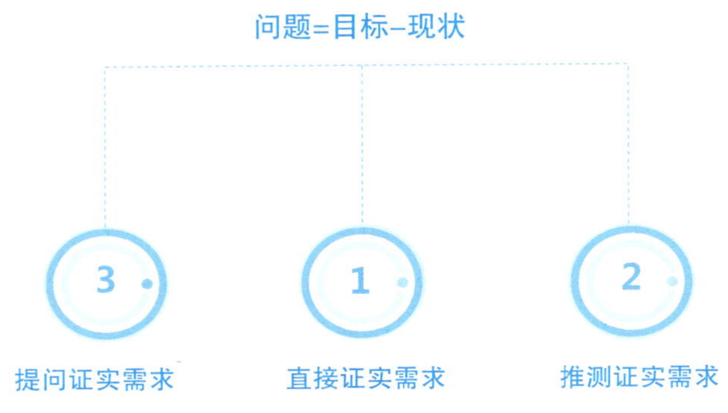

图3-4　问题描述与求证方法示意图

图中的“1、2、3”对应着3种不同的问题描述情况：“1”只描述了目标；“2”只描述了现状；“3”既没有描述目标，也没有描述现状。

深度倾听练习

深度倾听案例分析一

本案例摘自马歇尔·卢森堡（Marshall B. Rosenberg）的《非暴力沟通》中的一段对话。这是一段患者的家属和一位前来协助的某位护士的一段对话。此时，这位患者已被诊断为肺癌晚期。

请分析这位护士的话语中都运用了哪些倾听技术。

太太：“她不是一位好护士。”

护士：“你希望护士能够提供更好的服务？”（求证需求）

太太：“她什么都没做。只要他的脉搏稍微快一些，她就让他停止走路。”

护士：“你是担心他停止走路，不去锻炼，无法快速恢复健康？”（求证感受）

太太：（哭了起来）“是的，我真的很害怕。”

护士：“你很害怕失去他？”（求证感受和需求）

太太：“是的，我们生活了一辈子。”

护士：“你是担心，如果有一天他走了，你将无依无靠？”（求证需求）

太太：“是的，我无法想象，没有他，我怎么活下去？一直都是他在身边照顾着我。”

护士：“所以，想到自己要一个人生活，你感到很凄凉。”（求证感受）

太太：“除了他，没有人会和我生活在一起。你知道吗？他是我的全部。”

护士：“我知道，他对你很重要。”（求证事实）

深度倾听案例分析二

本案例摘自马歇尔·卢森堡《非暴力沟通》中的一段对话。这段对话发生在马歇尔·卢森堡去伯利恒难民营讲解非暴力沟通时，听众是巴勒斯坦的穆斯林男子。听众对美国人的态度并不友好。以下的对话来自作者与其中一位听众。请分析卢森堡在回应对方时运用的倾听技术。

男子：杀手！杀孩子的凶手！谋杀犯！

卢森堡：你生气是因为你想要我的政府改变它使用资源的方式吗？（我不知道我猜得对不对，但关键是，我确实关心他的感受和需求。）

男子：天杀的，我当然生气！你以为我们需要催泪弹？我们需要的是排水管，不是你们的催泪弹！我们需要的是房子！我们需要建立自己的国家！

卢森堡：所以，你很愤怒，你想得到一些支持来改善生活条件并在政治上独立？

男子：你知道我们带着孩子在这里住了27年是什么感受吗？你对我们长期以来的生活状况有一点点认识吗？

卢森堡：听起来，你感到绝望。你想知道，我或别人是不是能够真正了解这种生活的滋味？

男子：你想了解吗？告诉我，你有孩子吗？他们上学了吗？他们有运动场吗？我儿子病了！他在水沟里玩耍！他的教室没有书！你见过没有书的学校吗？

卢森堡：我注意到，你在这里培养孩子，是多么痛苦！你想告诉我，你所要的正是所有父母想给孩子的——好的教育以及健康的环境……

男子：不错，这些是最基本的。人权，你们美国人不是说这是人权吗？何不让更多的美国人来这里看看你们给这里带来了什么样的人权！

卢森堡：你是希望更多的美国人了解你们巨大的痛苦，并意识到我们政治活动的后果吗？

男子：是的。

对话持续了近20分钟，男子一直在表达痛苦，而卢森堡倾听每句话所包含的感受和需求。在男子感觉到卢森堡领会了他的意思后，他开始愿意听卢森堡讲来难民营的目的。1个小时后，这个把卢森堡称为谋杀犯的男子邀请卢森堡去他家享用斋月晚餐。

ART倾听法体验练习

找到一位你的练习对象，按图3-5所示坐好。让对方用5分钟讲述一件工作中最有成就感的事情。听完后，你可以采访一下对方，问他有什么感受？心扉是否打开了？

- 两人一组，分配角色（角色A、角色B）。
- 角色A回忆一件工作中最有成就感的事。

- 角色A把这件事讲述给角色B听。
- 角色B完成倾听（5分钟）。
- 双方交换角色再练习5分钟。

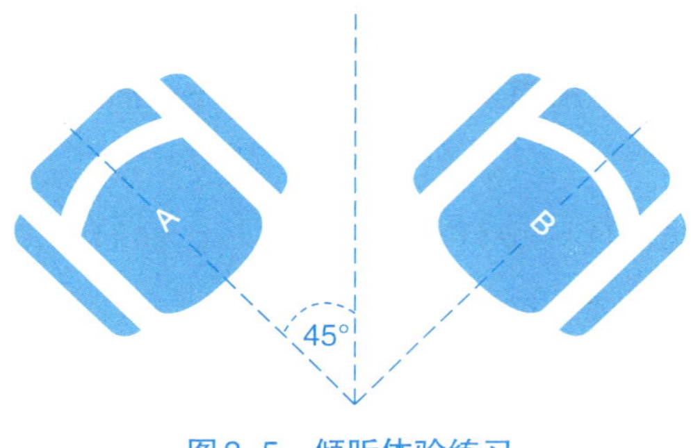

图3–5　倾听体验练习

需求转正练习

请将下列负向表述的需求转为正向表述。

- 请你们不要迟到。
- 我们不能抱怨。
- 我们要避免犯错。
- 需要改变低效的状况。

情境练习

情境一：

李主管

我的年终考评得分明明比欧阳高，但是公司却把年度最佳员工称号给了他！

①你可以向公司去申诉啊！

②你看其中的原因是什么呢?

③怎么，又开始抱怨了？

④听上去，你对这一结果有点失落，是吗？

⑤其实你是希望自己也能成为公司年度最佳员工，是吗？

如果你是李主管的上司，那么在听完李主管的话语后，你会选择何种回应？为什么？[1]

____

____

____

____

情境二：

人力资源部经理

小周啊，最近看你很少说话，怎么了？

如今在公司做事越来越难了！做事慢会挨批，做得快就会有更多的事被扔过来，真不知怎么办才好……

周主管

①哎……我也能理解你的苦衷。

②对这种遭遇有些不满，但又不知如何是好，是吗？

③还真是这样，如果是我，我也不知如何是好。

④其实你是希望做事有个明确的标准，是吗？

⑤你可以把这种情况与上级沟通一下。

1　“④”和“⑤”是推荐的回应方式：“④”是求证感受和情绪，“⑤”是求证需求。“①”是建议，“②”是询问，“③”是评判，都不是最好的回应方式。

如果你是人力资源部经理，你的下一句话怎么回？为什么？[1]

____

____

____

____

实战练习

请在每个工作日（一周之内）至少找到一名下属进行面对面沟通，着重练习深度倾听的ART倾听法。为了便于回顾总结，请把对话要点记录于表3–1中。

表3–1　深度倾听练习记录表

教练：	谈话对象：	日期：
对话背景		
对话要点		

1　选择“②”或“④”：“②”是求证感受，“④”是求证需求。“①”和“③”是安慰，“⑤”是建议，均不是最好的回应方式。

续表

倾听表现	接纳	
	回应	
	求证	
对方反应		
自我评价		

第4章　有力提问

美国著名小说家、剧作家托马斯·伯杰（Thomas Berger）曾说："提问的科学与艺术是所有知识的来源。"强有力的提问可以引发被提问者内在的思考，往往能够激发新的觉察、新的思路、新的探索、新的行动和新的成果。举一个例子，被问"今天早上你吃了什么"和被问"两三年后的早上你想吃什么"，以及被问"你的压力来自哪里"和被问"如果压力被克服了，那么你会有什么成长"，给你的触动一样吗？完全不一样。问一个好问题胜过给一个好的答案，有时候好的答案就躲在好的问题背后！回答问题的广度和深度取决于提出问题的广度和深度。很多职业的水平和能力就体现在提问的能力和水平上，比如记者、律师和销售员；连一向以提供答案著称的顾问以及科学家等的答案质量也依赖于他们提出好问题的能力。

一个人思维的广度和深度就体现在他提出问题的广度和深度上。如果说提供答案体现一个人的知识储备的话，那么有力提问就是一种智慧。优秀的教练正是运用强大的提问技术不断扩大对方思考的广度和深度，激发自行解决问题的意愿和能力，并且将想法付诸行动。有力提问改变了传统上的上司和下属角色：上司从专家、顾问的角色变成了赋能下属的催化师、引导者，而下属则从被动的执行者、依赖者成为自主的探索者和责任承担者。

我们在第3章已经学习了深度倾听技术，即我们不仅可以让对方敞开心扉和自由真实地表达自我，还能听出对方语言背后的事实、感受和需求。还记得第3章用深度倾听技术听出问题背后的需求吗？如果你已经掌握了深度倾听技术，那么下一步就要通过有力提问技术让对方自己找到解决问题的答案，这就是简单式教练对话的整体逻辑。

有力提问的定义

有力提问就是通过提出恰当的问题，激发被指导者自发性的思考，帮助对方扩展思维的广度和深度，从而找到新的解决问题的方法。

这个定义同样体现了绩能教练® 的ONE© 原则：相信，即相信对方有思考问题的能力和潜能；赋能，即扩展对方思维的广度和深度；期望，即希望对方自己找到答案解决问题。

有力提问的定义也给出了衡量提问技术过关的标准：第一，最终是对方自己找到了解决方案（结果）；第二，教练对象的思维广度和深度得到扩展（过程）；第三，教练对话中以启发而非建议为主（过程）。前两条标准是对教练提问质量的要求，第三条标准是对教练对话过程中提问的方式提出了要求。那什么才是“恰当”的问题呢？下面，我们一起来研究这个问题。

有力提问的3个维度

让我们一起来分析一个例子。2006年，有一部电视剧《乔家大院》风靡荧屏，获得了当年的收视冠军。这是胡玫导演执导的以乔家大院为背景，讲述一代传奇晋商汇通天下的优秀商战剧。剧中第16集有一个片段，是主人公乔致庸与他的一名叫马荀的伙计之间的对话。整个对话只有短短的4分钟，却充分展示了乔致庸作为东家的教练式对话风采，堪称简单式教练对话的教科书。

在这段对话中，乔致庸作为马荀的上司运用了深度倾听技术，不仅让马荀敞开了心扉，说出了心中的愿望，还运用有力提问的技术让马荀围绕目标展开想象，从而提出了卓有见地的计划并展现了强烈的行动意愿。为便于对剧情不熟悉的读者理解，我们把这段对话的原文摘录于下。

***乔致庸：说说，你刚才那话什么意思啊？说完啊。**

马荀：（躺着心不在焉）我也说不好是什么意思。反正我觉着吧，您不是凡人，胆大。

***乔致庸：哎哎哎，咱不说这个，我让你说的是怎么把复字号的生意做好了的主意，说出来。**

马荀：（犹豫）东家，我就是一跑街的，有的话也不方便说。

***乔致庸：哎呀，我现在问的是你怎么把生意做好的主意，我又没问你是什么身份；你现在就把你自个儿当成是复字号的大掌柜，说吧。**

马荀：（若有所思）成！东家，我们复字号在包头城里的生意做得算是大的，可是出了包头城，我们的生意能比现在大十倍、百倍！

***乔致庸：什么意思呢？**

马荀：您看啊，包头只是一座城吧，出了包头往北，那就是一片无际的蒙古草原哪。草原上有多少牧民、有多少王爷，我们就有多少生意！

***乔致庸：那蒙古草原上能有什么生意呢？**

马荀：您看啊，草原牧民需要我们这儿的棉布、丝绸、茶、酒，还有……反正是吃的喝的吧，他们都需要。咱们这边的内地人呢，需要蒙古草原上的骏马、牛羊、皮张、羊毛、奶品。我们要是能把草原牧民需要的货都给运过去，然后再把我们内地人需要的货从草原上运回来，到那时候啊，那蒙古大草原都成了我们乔家复字号的店铺，那生意该有多大呀！

***乔致庸：你说我要是，我就……让你现在做复字号大掌柜，你敢不敢？**

马荀：（吃惊）东家……

乔致庸：我是认真的。

马荀：（低下头）我……我……我不敢想，我才28岁。

乔致庸：那你现在就想，马上就想。就在这儿想，马上告诉我。（起身）

马荀：（思考，一把抓住乔致庸）东家……

乔致庸：（俯身）这么快就想好了？

马荀：（点头）嗯。

乔致庸：真想好了？

马荀：您别笑话我，我说实话呢！

乔致庸：（重新坐下）好，说，那你就说。

马荀：从我进复字号那天起，我就想做大掌柜！不过，（偷乐）只是我没有想到，就成真了。

乔致庸：我告诉你，我让你做大掌柜有一个条件。

马荀：您说。

乔致庸：就是你必须把你刚才跟我说的那些生意都给我做成了。

马荀：（下决心）嗯！东家您放心吧，一年不成咱就两年，两年不行，三年、五年、十年，我马荀要是不把这千里蒙古草原变成我们复字号的大商铺，我……我死不瞑目！

大家看，乔致庸在做什么？马荀又在做什么？谁说的话多？谁去思考？谁去找答案？谁去行动？寻找答案固然重要，但是如何找到答案更加重要。那么，接下来马荀的行动力会怎么样，其能力的提升又会怎样呢？不用多做说明。我们发现，人一旦打破原来思想上的束缚，那么他自己的潜能就会被无限地激发出来。乔致庸通过倾听和提问，打开了马荀原本封闭的心扉，激发了马荀的能量，也扩大了马荀的视角，塑造了马荀的自信，提升了彼此间的信任度。教练的ONE© 原则——相信、赋能、期望——淋漓尽致地体现在对话中。

下面我们重点就乔致庸的提问技术进行分析，让我们学习一下其中的奥秘。短短的4分钟，乔致庸始终在用问题启发马荀，总共有6个关键问题，我们在文中用星号（*）注明。我们来看一下这6个问题的共同特点。

开放式提问与封闭式提问

从回答范围来看，提问可以分为开放式提问（open）与封闭式提问（close）。所谓开放式提问就是不能用简单的“是”和“否”等选择性答案回答，而必须展开详细回答的问题。那么，请问乔致庸提出的6个问题是开放式的多还是封闭式的多？答案是显然的：开放式的问题多。有没有封闭式提问？有。“让你做大掌柜你敢不敢？”就是一个封闭式提问。所以，我们可以总结出有力提问的第一条定理：教练会尽量多使用开放式提问而少用封闭式提问。注意，这里是少用，而不是不用。教练可以提出封闭式问题，只是其数量相对于开放式问题少一些。

适合用封闭式提问的场景如下。

- 通过深度倾听向对方求证的时候。ART倾听法里最后一步求证环节，必须用封闭式提问方式把听到的事实、感受和需求与对方进行求证（听起来，……是吗？）。
- 对方需要做出选择的时候。随着学习的深入，后面我们即将学习的复杂式对话过程中还有几处必须使用封闭式提问的地方，请读者们留意。
- 需要打破思维常规或限制性认知的时候。例如，1983年，乔布斯为了让百事公司前副总裁约翰·斯卡利（John Sculley）加入苹果，问了他一个极具挑战性的封闭式问题：“你是想卖一辈子糖水，还是跟着我改变世界？”

未来导向型提问与过去导向型提问

从时间角度来看，提问可以分为未来导向型提问（tomorrow）与过去导向型提问（yesterday）。所谓未来导向型提问就是针对尚未实际发生、想象中可能发生的未来情境进行提问，过去导向型提问则是对已经发生的情境进行提问。那么，乔致庸的6个问题是未来导向型的多还是过去导向型的多？当然是未来导向型的问题多。有没有过去导向型的问题？有。“你刚才那话是什么意思啊？”就是一个过去导向型的问题。所以，我们可以得出有力提问的第二条定理：教练会尽量多用未来导向型提问而少用过去导向型提问。同样，这里是少用，并不是不用。

适合用过去导向型提问的场景如下。

- 面向现状提问的时候。比如，我们将学习复杂式教练对话，其中有一个步骤就是对现状进行了解和分析，会对现状进行提问，这里会用到比较多的过去导向型提问。
- 通过回顾以往的高峰体验重获信心和希望的时候。如果提问具有下面要讲的“积极性问题”特点，那么我们可以用过去导向型提问。比如，你在以前什么时候会非常有自信？过去半年，你最大的成长是什么？这类提问可以帮助被指导者重新获取信心和希望。

积极型提问与消极型提问

根据提问所引起的思维和情绪反应的不同，提问可以分为积极型提问（positive）和消极型提问（negative）。所谓的积极型提问是指能够引起被提问者的正向的情绪的提问，而消极型提问正好相反。“这件事你怎么搞的？”这个问题就会让人觉得被质问从而产生不愉快的情绪。“这件事对你有什么启发？”这个问题通常会引发对方联想，让人觉得有价值，因此属于积极型提问。

在实践中，积极型提问和消极型提问最常见的例子就是关于“如何”和“为什么”两类问题。“为什么”在很多情况下会使被提问者感受到被责问从而进入防御性反应的消极状态，因而属于消极型提问。比如：

提问者：你为什么又迟到？

被提问者：（感觉被质问，于是赶紧找理由防御）因为公交车晚点了！

提问者：（继续追问）公交车为什么会晚点？

被提问者：（更紧张地防御）我也不知道，反正就是晚点了！

在上面这段对话中，由“为什么”提问导致的消极态度最后关闭了对话的心门而使双方进入争执或者封闭的状态。“为什么”常带有责难的意思，容易引起被教练者的防卫心理。所以，我们这样问员工，员工就马上开始找借口了。员工都开始寻找借口了，显然他也不会正视这个问题，而这个问题也不会得到有效的解决。

相反，在工作中比起追责，更重要的是接下来如何有效改善。所以，如果我们问：“明天如何能早到呢？”那么，这样不仅可以使员工的抵触情绪减少，又可以一针见血地指出问题的根源和核心，聚焦问题本身，同时指向结果并引发员工正向、自发地思考，使员工积极探索未来的解决方案。因而，“如何”提问可以让员工积极面对现状去解决问题，也可以让员工采取某种行动或做出某种承诺。

当然，也不是说我们不能使用“为什么”提问，适合用“为什么”提问的场景如下。

- 回忆过去美好的经历或高峰体验。比如“3 年前，你为什么会成功？”，这个问题属于积极型问题，能帮助人们重新收获能量。
- 启发未来的思考。比如“为什么我们一定要突破这个瓶颈？”，这个问题属于未来导向型问题。德国思想家尼采曾经说过：“知道为什么而活的人，便能生存。”“为什么”可以让人们明确方向，积极探索。

- 对自然规律等中性事件的提问。比如“大海为什么是蓝色的？”。美国金融家伯纳德·巴鲁克（Bernard Baruch）说：“成千上万的人看到苹果落地，只有牛顿一人问了为什么。”保持好奇心，是让社会和人不断发展的基础。

在探讨事件发生的原因时，如果需要使用“为什么”提问，但又担心引起消极情绪和反应，那么我们可以使用一个话术技巧，就是把“为什么”改成“是什么”。比如“是什么因素造成了目前的情况？”，“是什么”表示对事不对人地进行探讨，让对方感觉更客观一些。

有力提问的TOP©定律

至此，我们已经推导出了提问的3种维度，并据此得出了有力提问的一般规律。为了直观起见，我们把提问的3种维度用空间坐标画出来，如图4-1所示。

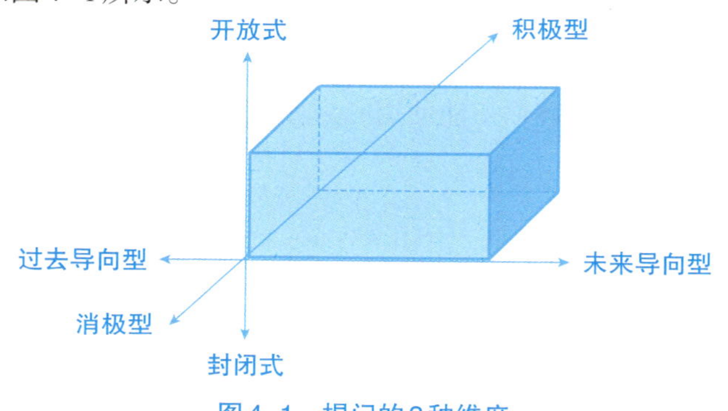

图4-1　提问的3种维度

虽然在理论上教练的问题类型可以出现在图4-1［用三维坐标表示的任何空间（象限）］之内，但作为一般的规律，教练提出的问题多数集中在右上角的空间内。绩能教练®又称这一规律为有力提问的TOP©定律，如图4-2所示。T、O、P分别表示未来导向型、开放式、积极型3种提问方式。

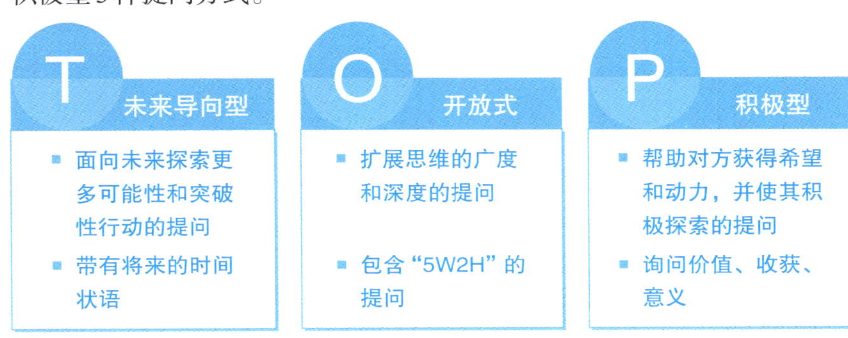

图4-2　TOP©定律

在我们的分析中，有力提问的问题就是高质量的问题，而高质量的问题就是TOP©问题，如表4-1所示。所以，记住了TOP©就记住了未来导向型提问、开放式提问和积极型提问。

表4-1　TOP©问题举例

未来导向型	■ 你想要达成的**目标**是什么呢？ ■ 你想要达成的**结果**是什么呢？ ■ **接下来**你会如何行动呢？ ■ **今后**我们更需要关注哪些细节呢？ ■ 坚持背后，你最想实现的**目标**是什么呢？ ■ 如果**再来一次**，那么你的做法会有什么不同呢？
开放式	■ What（什么） ■ Why（为什么） ■ Who（谁） ■ When（什么时候） ■ Where（在哪里） ■ How（如何） ■ How much / many（多少）

续表

积极型	■ 压力背后，你**想要**实现的是什么呢？ ■ 坚持到现在你有哪些**收获**呢？ ■ 你**理想**的工作状态是什么样的呢？ ■ **假如**你有**足够**的时间、金钱、资源，你会怎么做呢？ ■ **如果**王行长在，那么他会如何解决这个问题呢？ ■ 如果你克服了这个困难，那么这对你会有什么**启发**呢？

未来导向型提问

未来导向型提问是面向未来探索更多可能性的提问。过去导向型提问更关注的是过去的事情，容易回到责任的追究、事件的回顾和挫折的体验上。相反，未来导向型提问把思绪抛向未来，使人们从一个全新的视角去思考问题，并相信更多的可能性、创建更多的希望、探索更好的结果，非常鼓舞人心。

在一次教练论坛上，一位毕业不到5年但已掌管5家法人公司的管理者分享了她的成长心得。这位管理者说，她在职场中能够比一般人快速成长，得益于她在工作中遇到困难和挑战时，不断地向自己提出未来导向型问题。与总是抱怨、逃离、拒绝的管理者不同，她会把思绪抛向未来问自己。

- 辛苦背后，我到底想要成就什么呢？
- 为什么这个成就对我那么重要？
- 如果实现了想要的成就，那么我的人生会有什么样的不同？
- 如果解决了这个困难，那么我又会有什么样的成长？
- 那么，接下来我又该如何正确地面对当前的困难？

未来导向型提问可以让人跳出当下，站在更远的将来，看到更多的希望。当我们看到希望时，我们就再也没有时间抱怨、不满和找借口，取而代之的是充满能量，努力探索并积极行动。

未来导向型提问的特点如下。

- 含未来导向型词汇。

  接下来你会做些什么？

  明天你期待发生什么？

  下次重新来，你会做什么改变？

  下一步我们从哪里开始？

- 与目标相关。

  你所期待的目标是什么？

  你理想中的工作状态是什么？

开放式提问

开放式提问促使被指导者引发内在的思考，能够有效拓展思维的广度和深度，从而唤醒潜能。如果你提出封闭式的问题，那么被指导者就不太需要思考。但是，如果你提出开放式的问题，那么被指导者就可以从不同的角度、维度、层面来思考问题，从而找到新的解决问题的方法。

员工带着问题过来找领导：“领导，这件事情我不知道该怎么办？”这个时候，很多管理者都会回答：“这么简单的问题还不会做，怎么没一点儿长进啊？”很多管理者会指责员工，伤害员工的自尊，打击员工的自信心和积极性。也有管理者会说：“哎……我给你解决，回去等我的消息吧。”这种管理者是自己在“背猴子”。

如果这个时候我们用开放式提问，那么我们既不用责备员工，也不需要“背猴子”，还可以启发员工的思维，收获员工的很多智慧。开放式提问的例子如下。

- 你想要达成的目标是什么呢？
- 为什么想要实现这个目标呢？
- 目前，对你来说最大的挑战是什么呢？
- 找到谁，以及找到哪些资源可以解决这些挑战呢？
- 你的哪些经验、优势可以发挥作用呢？
- 那么，接下来你会如何做呢？
- 从什么时候开始做，从哪里开始做呢？
- 需要多少时间可以完成呢？

大家看，开放式提问可以轻轻松松地让员工受到启发。在职场中，有些员工在1年的时间就长了5年的功力，这得益于上司的提问技术。通过开放式提问，我们既可以完成业绩，又可以培养人才。

关于开放式提问的特点，我们可以结合“5W2H”来提问。

积极型提问

教练是积极的、正向的。积极型提问是赋能被指导者，使其获得希望和动力，并能积极探索的提问。积极型提问可以创造正向的思维，激发被指导者内在的动力和能量，聚焦未来的价值和意义，增强被指导者的勇气和信心，使其预见希望和成果，促使其行动和成长。

先让我们来感受一下积极型提问的能量。

- 过去半年，你最大的成长是什么？
- 虽然不尽如你意，但是我们又取得了哪些进步？
- 压力背后，你真正想要成就什么呢？
- 这次经验对你的成长有什么价值呢？
- 如何做才能带来根本的改变？
- 谁能在这方面给你一些好的建议？
- 你认为，是什么成就了现在的自己？
- 如果这个目标实现了，那么你会是什么样的心情？
- 假设你解决了这个难题，领导会怎么看你？
- 如果一切皆可能实现，那么你会选择做些什么？
- 假设王总面临这些问题，他会怎么处理？
- 如果你站在公司的立场考虑这个问题，那么你又有什么发现？

积极型提问等同于在土壤里埋下了一粒希望的种子，并用心孕育这粒种子，相信总有一天它会破土而出。无论多么糟糕的员工，其内心深处的某个角落定会有一团小小的希望火花。无论火花多么渺小，只要有一缕风，它就会变成熊熊烈火。积极型提问正是让种子破土而出的提问，可以使员工从不能到能（激发潜在的潜能），从不想到想（激发内在的动力），从不要到要（激发行动的意愿）。

积极型提问的特点之一是假设性地提问。假设型的问题的好处是启发对方跨越障碍，把对方带入积极的场域，使对方更加积极地看待问题，还可以让对方换位思考当下的问题。这是一种突破思维的提问技巧。

简单式教练对话的黄金7问——TOP7©

仅仅知道了有力提问的TOP©规则显然是不够的，这只是停留在认知层面上。要想真正学会积极型提问，你必须掌握相关行为技能。也就是说，在实际对话中，你不能说“稍等，我思考一下”，再用TOP©规则临时去设计提问，你必须张口就能问出好问题。

教练对话学习就像英文的口语学习（注意是口语）；而TOP©规则就像英文的语法，它能帮助你事后判断你用的句子是否正确、是否是好句子。但是，当我们正在进行对话时，句子很难有逻辑地、恰当地脱口而出。然而，口语的本质就是要做到将句子无意识地、恰当有序地说出来。

很多教练的课程和书籍往往只到认知层面就结束了，但绩能教练®要让你真正学会这门技术，也就是在行为层面上做到张口就来。

让我们从英文口语学习的经验中寻找解决之道。有经验的学习者知道英文口语的学习一定要以句子为单位，如果我们能把一定数量的句子背诵到脱口而出的程度，那么我们就可以突破口语的难关了。学习是相通的。在教练对话中，我们也可以借鉴这种做法，如果我们能把一些实际教练对话场景中一定数量的好的提问句子收集起来，并背诵到脱口而出的程度，那么提问的难关也就被攻破了。

关键是，这个“一定数量”究竟是多少？大家都知道，英文口语学习中有一本书叫作《英语900句》，这本书收集了各种常用场景对话中的900个高频句子。读者只要记住了这900个句子，基本上其口语就解决了。事实上，在教练技术这个领域，市场上也有类似的书籍，比如《提问的威力——教练问题全清单》，这本书就收集了各种教练对话场景中的近千个问题。

但是，你在短时间内记得住上千个提问吗？因此，此类书有一定的参考价值，但还不够实用。好的学习方法不仅体系严谨，而且能减轻学习者的负担。

那么，究竟至少需要记住几个问题呢？读者不妨猜测一下。只要7个！当然，如果你有精力和时间的话，那么多多益善。但如果你只有有限的时间和精力，那么就先记住7个提问。

绩能教练®之所以精选了7个提问，是因为心理学研究表明，“7”这个数字对人类有特殊的意义。心理学家乔治•米勒（George A. Miller）在他的论文《奇妙的数字7±2》中提出，多数人的大脑无法一次记住7个以上的记忆项目。我们身边有很多与7有关的概念。比如，一周有7天，音乐有7个音阶，可见光分7色，等等。

所以，我们大胆地提出：请你务必记住从全球优秀教练实际进行的对话中精挑细选出来的、最高频使用的、被认为最有价值的黄金7问。黄金7问就是绩能教练®的重磅教练提问工具——TOP7©，如图4-3所示。TOP7©可以让你迅速掌握简单的系统性提问技巧，系统化地推进被提问者的思考过程，你可以立即见证它的奇妙效果。

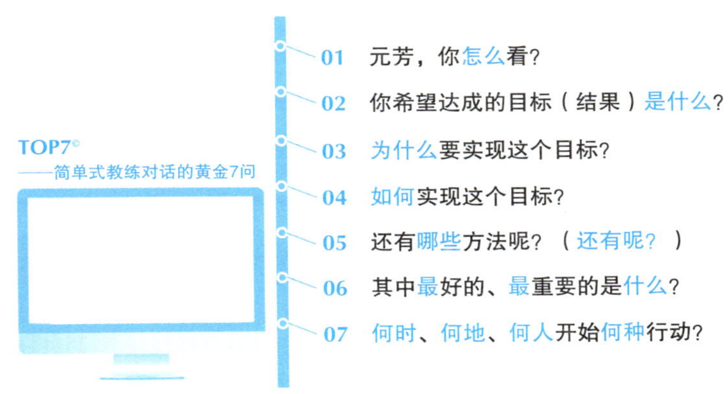

图4-3　简单式教练对话的黄金7问

教练对话的过河模型与TOP7©

为什么7个问题就能代表近千个问题？如果我连7个问题也记不住，那怎么办？要回答这些问题就必须真正弄懂TOP7©背后的逻辑。

这里的“代表”是指TOP7©能代表简单式教练对话场景下最常见的提问，它符合简单式教练对话的一般逻辑。那么究竟什么是简单式教练对话？我们在本篇开始的时候提出过对教练对话场景的一种简单划分：根据所需时间的长短，教练对话分为简单式教练对话和复杂式教练对话。当然，这种依据时间区分的方法只是粗略的。想要从逻辑上理解简单式对话和复杂式对话，我们就必须借助如图4-4所示的过河模型图。

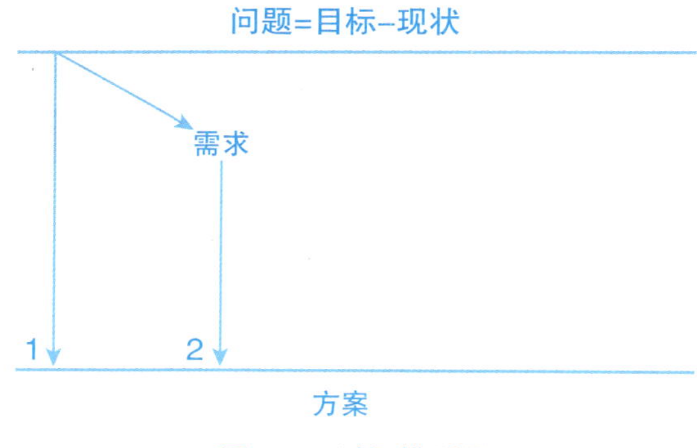

图4-4　过河模型图

我们把教练对话形象地类比为教练帮助教练对象过河。教练对象带着一个问题来到了河边，希望在教练的引导下顺利地到达河的彼岸（解决方案）。教练就好比向导，虽然他不知道具体的方案是什么，因为方案需要教练对象自己寻找，但他知道过河的正确路径。教练能够顺利指引教练对象过河且让其顺利得到解决方案的路径只有4条，即路径1、路径2、路径3、路径4。

至于每次过河采用哪条路径取决于问题的复杂度。这里的复杂度是相对复杂度，是相对于教练对象的能力强弱而言的。也就是说，教练对象的能力越强，同样的问题对于他而言就越简单，教练也就越可以采用前面的路径帮助其过河。图 4-4 中已经显示过河的前两条路径：路径 1 和路径 2。如果这两条路不行，那怎么办？我们就要走路径 3，甚至路径 4。

有了这个模型我们就可以从逻辑上给出简单式教练对话和复杂式教练对话的区分：凡是通过路径 1 或者路径 2 就能完成过河的教练式对话就是简单式教练对话；凡是需要通过路径 3 或者路径 4 才能完成过河的教练式对话就是复杂式教练对话。复杂式教练对话的具体过程和方法将在第 3 篇“教练流程”里详细介绍。本章我们集中介绍简单式教练对话的逻辑和对话过程。

让我们举一个有趣的例子来说明简单式教练对话的前两条路径。TOP7© 中排名第一的提问是：“元芳，你怎么看？”大家看到这句话的时候都会会心一笑，因为这句话来自《神探狄仁杰》。这部电视剧里也有一对上下级，即狄仁杰（上司）和李元芳（下属）。让我们通过这对上下级的对话来解读路径 1 和路径 2 的逻辑。

河此岸：下属描述问题

元芳作为下属在电视剧的前几集里也经常会出现下属的通病——喜欢让上司“背猴子”。比如，发生了一件案子，元芳去现场简单勘查一下后就急忙去向大人禀报：“大人，此案必有蹊跷。”元芳就这样毫无痕迹地带来了一只“猴子”。如果大人此时没控制住，接过话茬说“好吧，我来想想”，那么元芳就成功地达到了“扔猴子”的目的。

路径1：从问题直接到方案

可是电视剧中的大人棋高一着，立刻识别出这是一只潜在的“猴子”，于是不慌不忙地回应：“嗯，此案果然蹊跷。元芳，你怎么看？”“此案果然蹊跷”是ART倾听法里的回放，不仅表示我在认真听，还肯定了下属的判断，体现了教练的“相信”原则。相信归相信，但是作为教练型管理者的大人并不能替下属“背猴子”。那如何巧妙地把“猴子”还给下属呢？那就是提问：“元芳，你怎么看？”

元芳一看“猴子”又重新回到自己这里，心里“咯噔”一下。但毕竟他也有丰富的职场经验，所以也能说出一些自己的看法。

这时，有经验的大人再次控制住自己，带着满满的期望不断地询问“还有呢”（TOP7©中的第5问），从而让元芳贡献出更多、更好的方案，直到元芳说：“大人，实在没有了。”

等元芳的思考穷尽了，接下来大人就聚焦在这些方法上，继续问：“元芳，刚才你说的方案里面最好的、最重要的是什么呢？”（TOP7©中的第6问）狄大人以此来让元芳做决策。等元芳做出了选择，最后用“何时、何地、何人开始何种行动？”（TOP7©中的第7问）的提问让元芳将方案具体化。

此时，狄大人的第一句“你怎么看”就是直接通过路径1探索方案。

路径2：从问题到需求，再到方案

可是，狄大人如果问完“你怎么看”，元芳（下属）回答“小的不才，还请大人明示”，那又该怎么办？在实际工作中，我们一定也会遇到类似的情况：当你满怀期望地问下属“你怎么看”时，下属理直气壮地回答“我不知道，还是听领导您的吧”。这种情况被我们戏称为“卡壳”。从问题直接到方案的路径1走不通，那教练接下来要怎么操作呢?

很简单，此时我们可以立刻使用TOP7©里的第2问：“你希望达到的结果（目标）是什么？”这个问题其实是引导对方从问题先过渡到问题背后的需求这一中间阶段，即路径2。路径2既能聚焦教练对象的需求，又符合教练的“结果导向”原理，同时这个问题也很好回答。其实在路径1中会出现卡壳现象，就是因为第一个问题是一个特别宽泛的问题，能力不够的教练对象往往无所适从，也就是路径1不适合他。因此，对方就需要把思考范围缩小，从需求开始。

如果对方把需求描述清楚了，那么我们接着使用TOP7©的第3问：“为什么要实现这个目标？”这个问题是用来让对方思考目标的价值和意义的，可以提升思考者的能量，所以非常重要。只要对方感受到了价值，他就更愿意主动地去思索方案。

接着，我们就用TOP7©中的第4问“如何实现这个目标？”来探索可行方案，用TOP7©中的第5问“还有呢？”来扩大对方思考的广度和深度，使其探索更多的可能性；用TOP7©中的第6问“最好的、最重要的是什么？”让对方进行选择和决策。这里用的句式就是“最……”，“最”字的后面跟不同的标准和角度（有效性、成本、风险等）。最后，我们用TOP7©中的第7问“何时、何地、何人开始何种行动？”来让教练对象把方案具体化。

如果在通过路径1解决问题时下属卡壳，那么我们就可以通过路径2（先确认对方的需求）来探索方案。

生活中有很多简单的问题完全可以通过路径1或者路径2的思路来解决。比如，对方对你说“我口渴”，一般情况下你可以直接给出解决方案——给对方倒一杯水。但是，有时候直接倒一杯水给对方，未必能让对方非常满意。因为“我口渴”背后的需求未必是只想喝水，或许对方想喝茶、饮料……

所以，在探索方案前，先确认一下对方的需求，再针对对方的需求提供针对性的方案，这样才能让方案更加完善。这就是路径2比路径1在分析解决问题方面更有价值的地方。

喜欢钻研的读者可能会问，如果按照路径2的过程明确了需求，也用TOP7©中的第3问提升了对方的意愿，那么当用到TOP7©中的第4问“如何实现这个目标？”时，对方的回答仍然是“小的不才，还请大人明示”，怎么办？又卡壳了！我们在前文说过卡壳的问题，那时我们的解决方案就是将路径1切换到路径2。现在在路径2上再次卡壳（也叫作深度卡壳），该怎么应对？其实方法还是一样的：切换路径——切换成路径3。同样的道理，如果路径3还不行，那我们就切换成路径4。

前面说过过河的路径总共有4条。本章集中介绍了路径1和路径2，用于应对简单式教练对话；至于路径3和路径4，我们将在第3篇“教练流程”里继续介绍，因为在教练流程里，我们将通过路径3和路径4来解决复杂式教练对话的问题。

C+T教练模式

尽管我们学习了TOP©提问法和TOP7©，甚至还学习了解决问题对话的过河模型等工具，但假如不管我们使用什么方法，对方就是无法打开思路，实在没有想法，那我们该怎么办？这种情况被我们形象地称为“卡死了”。

这里，我们首先要区别两种情况：第一种情况是对方有想法，但是因为没有打开心扉，所以不愿意说、不想说。那么，这种情况不是单纯提问技术的问题，我们需要从根本原因分析入手，找到对方之所以不愿敞开心扉的因素，然后对症下药。第二种情况则是对方真的没有思路，想不出来答案。可能有读者会说，如果对方实在想不出答案，那我们就提供答案或者给出建议。那教练是否可以提供答案或给出建议呢？

教练其实是不需要提供答案的，他的职责是赋能对方让对方自己探索并找到答案。提供答案就会剥夺对方自我探索、自我成长的机会，但现实的场景却是复杂和多样的。作为管理者，除了要担任纯教练的角色外，还要担任上司、导师、顾问等多重角色。所以，本书前言里就阐明了本书的服务对象和写作目的：本书是为全体企业管理者提供的一种知识产品，以面向应用的方式系统地介绍了企业教练的原则、技术、流程，让读者借着阅读本书并结合自身实践从而成为出色的教练型管理者。

因此，本书服务对象的首要身份是“管理者”。管理者有很多种，而本书期望的是“教练型”的管理者。“教练”是本书的标签和特色，教练技术是本书的核心技术。同时为了让读者成为优秀的管理者，本书也根据场景需要综合运用其他各类行之有效的管理技术。所以，本书给出的教练模式是C+T模式，如图4–5所示。

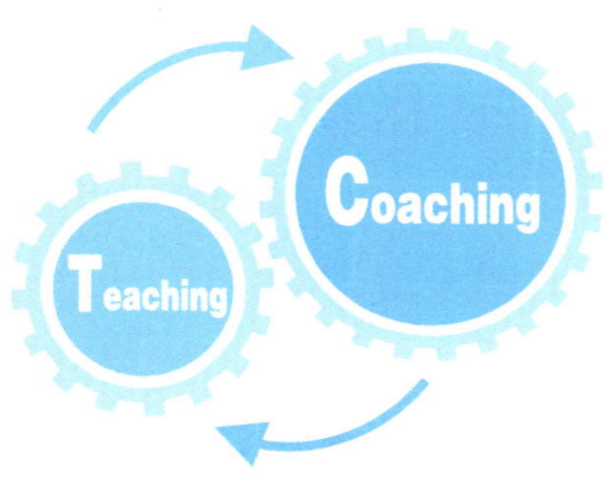

图 4–5　C+T 模式

C代表的是Coaching（教练），就是启发赋能，不给答案；T代表的是Teaching（教学），就是建议指导，给出答案。那具体在什么情况下用C模式，什么情况下用T模式呢？具体参考表4-2。

表4-2　C模式与T模式的具体表现

模式	情境			
	事的方面		人的方面	
	紧急程度	认知层面	能力高低	意愿强弱
C	不紧急	非认知问题	能力高	意愿弱
T	紧急	认知问题	能力低	意愿强

- 越紧急的事越倾向于用T模式，即给建议、给答案。比如着火了，你应该迅速用下达指令的方式让对方处理事情。
- 认知类的问题不适合用C模式，而适合用T模式。比如别人问你今天看了什么电影，而你反问："你认为呢？"这就会让人觉得很奇怪。当对方缺乏信息或者相关知识时，最有效率的方法就是提供信息和知识，即使用T模式。只有当对方有知识，但运用知识有困难时，才需要用C模式让其思考原因，找到方法。
- 能力越强的下属越适合用C模式，反之用T模式。因为能力强的下属首先不需要你提供答案，其次你提供答案会让其受到压制。而能力弱的下属很难被启发，需要你提供一定的指导和建议。
- 下属意愿越弱时越需要用C模式，反之用T模式。当下属意愿弱时，他对你的建议往往听不进去，此时更需要用教练的方式让其敞开心扉，使其参与进来。反之，如果下属意愿很强，那他就比较容易接受你的意见。

需要说明的是，在用T模式与下属进行沟通完之后，为了加深其印象和独立思考，可以用C模式启发和追问一下，比如“你怎么看”“你有何启发”等等。

管理学者保罗·赫塞（Paul Hersey）和肯·布兰佳（Ken Blanchard）在20世纪70年代提出著名的情境领导理论（situational leadership model）中对领导方式和情境的不同论述也有类似的系统的阐述。本书附录3对这一理论有简洁实用的介绍，有兴趣的读者可以参考。

最后说明一下，当管理者用T模式与下属进行沟通时，其实是变成了顾问的角色。所以C+T模式又被称为C+c模式，其中c表示consulting（顾问）。

有力提问练习

TOP© 问题转换

将下列问题转换为TOP© 问题：

过去型导向提问	未来导向型提问
1. 怎么会有这种事？	1.
2. 这是谁的错？	2.
3. 目前有哪些挑战？	3.
4. 上次怎么回事？	4.
5. 这个问题怎么还没解决？	5.
6. 出了什么问题？	6.

封闭式提问	开放式提问
1.有问题吗？	1.
2.你有其他的建议吗？	2.
3.能不能经过思考再行动呢？	3.
4.难道你就不能平衡工作和生活吗？	4.
5.先征集大家的意见再决定，行吗？	5.
6.我觉得这个方案可行，你说呢？	6.

消极型提问	积极型提问
1.这件事最糟糕的情况可能是什么？	1.
2.你有哪些失望的经历？	2.
3.你为此付出了哪些代价？	3.
4.这么做会有哪些风险？	4.
5.为什么事情还没解决？	5.
6.怎么弄成这个样子？	6.

情境练习

情境一：

业务经理：欧阳，今年上半年你的销售业绩不错，打算把下半年的业绩指标定多少啊？

欧阳：领导，我估算了一下，下半年也是销售旺季，所以我打算在上半年的基础上再增加10%。

如果欧阳（下属）每次给自己设置的目标都特别保守，而你却希望下属能主动挑战更高的目标，那么你作为上司怎么问才能让她挑战更高的目标呢？

____

____

____

____

情境二：

俞经理：小周，你第一次全权负责新产品发布会，工作进展得怎么样啊？

小周：哎……领导，说真的，我也没有之前的经验可以借鉴，更没有可利用的资源，不过我又很想出色地完成本次任务，所以真是压力山大啊……

如果你是上司俞经理，那么你会如何继续提问？

____

____

____

____

实战练习

请在每个工作日（一周之内）至少找到一名下属进行面对面沟通，在倾听基础上重点练习有力提问技术，比如TOP© 提问法和TOP7© 提问技术，做到可以独立完成简单式教练对话。为了便于总结复盘，请把对话要点记录于表4–3中。

表4-3　有力提问练习记录表

教练：		谈话对象：	日期：
对话背景			
对话要点			
提出的问题	未来导向型		
	开放式		
	积极型		
对方反应			
自我评价			

第5章　有效反馈

本篇前两章我们学习了深度倾听和有力提问技术，相信读者在对话中不仅可以打开对方的心扉，听到语言背后的事实、感受和需求，还能聚焦需求进行有力提问，启发对方思考并找到解决问题的方案。深度倾听和有力提问技术能确保你在图4-3的过河模型中到达河的彼岸，但这并不代表问题解决了。我们常常目睹对方在讨论方案时很激动，在下决心时很感动，但在回去后一动也不动的情况。所以，在教练对象到达河的彼岸之后，教练还要再送对方一程，以推动对方去行动直至达成目标。还记得绩能教练®是以结果为导向的吗？结果就是要最终达成目标。送对方一程指的就是强化对方的行动，使用的是最后一项核心技能——有效反馈。

行为心理学家在研究中发现，反馈是取得任何一种持续高水准的绩效中最关键的条件。据统计，商业中50%的绩效低下问题是由缺少反馈引起的。比尔·盖茨（Bill Gates）说："任何人都需要得到反馈，这是人们进步的方法。"埃隆·马斯克（Elon Musk）说："我认为获得有效的反馈是特别重要的，因为这样我们就能持续思考我们已经取得的成果以及如何做得更好。”《绩效教练——获得最佳绩效的教练方法与模型》一书作者费迪南德·F.佛尼斯（Ferdinand F. Fournies）指出：“企业中各个层级的员工绩效不理想的一大原因就是他们在自己所从事的工作中缺乏具体、及时和有效的反馈。”

我曾经看过一群响当当的音乐人被分成两个团队，现场比拼编曲并录制一首电视节目的歌曲。在编完曲准备录制歌曲的时候，两个团队的音乐制作人对待歌手的风格完全不一样。当歌手的唱法不符合自己的要求时，一位制作人会清晰地告诉对方。比如，哪个部分用低沉一点的声音演唱效果会更好一些，哪个部分演唱时的呼吸可以再长一点儿，哪个部分演唱时可以再多一点儿空气的声音（一种发声法）；相反，另一位制作人只会不断地重复类似的一句话：“这一段，再来一次。”“来！放轻松一点儿再来一次。”“很好，我们最后再来一次。”……我不知道这是否是想要给歌手更多自由发挥的空间，但是我从歌手的脸上读到的是茫然和不知所措，以及越来越不自信的退缩。可想而知，最终必定是第一位制作人抢先完成录制任务。

可以说，及时给出具体的反馈是最迅速、最经济和最有效地改善工作绩效的管理方法，我们可以称之为“绩效表现的生命线”。如果说深度倾听是打开心扉、建立信任的技术，有力提问是激发思考、拓展思维的技术，那么有效反馈就是催化行动、强化意愿的技术。

有效反馈的定义

有效反馈就是对个人的行为及其产生的结果给予高频、准确、具体、及时的反应，并对此过程进行强化的技术。

管理者进行有效反馈时应该关注的是对方的“行为”以及行为产生的“结果”这些客观的表现，而不要试图扮演一个心理学家的角色，去揣测和评判对方的态度和动机，因为这是你的角度和理解，并非客观事实。绩能教练®不需你要成为心理学家，一切的方法都基于可观察的行为。教练反馈的标准是高频、准确、具体和及时，其目的是对教练对象的行为及其产生的结果进行强化。绩能教练®对有效反馈的定义同样体现了绩能教练®的ONE©原则。

假如你的下属工作表现非常出色，那么你是否需要对他进行反馈呢？答案是需要！这样才会强化他正确的行为。假如你的下属做错了，那么你是否也要对他进行反馈呢？答案同样是需要！这样才能纠正他错误的行为。

在工作中，有些时候员工明明知道自己有错，但他们并不觉得这是个“问题”，比如让很多管理者比较头痛的员工迟到问题。很多员工都知道迟到是不对的，但就是没有把它当作“问题”，所以没有强烈的意识要改正这一问题。这就需要管理者及时反馈。

也有很多时候，并不是员工不愿意改，而是员工不知道他们在工作中犯了哪些错误，他们认为自己的行为是没有问题的。比如，我们问管理者：“员工的积极性可以打几分？”大多数管理者给出的分数是5 ~ 6分。当我们再次问管理者：“如果让员工自己为自己的积极性打分，他们又会打几分？”绝大多数管理者的回答是10分。为什么会出现这样的现象呢？就是因为员工并不知道自己的行为是有问题的，他们认为只要做到现在这样就是满分了。这种情况就需要管理者对员工进行及时的反馈。

樊登在《可复制的领导力》一书中指出，员工最讨厌的不是惩罚，而是突然的“惊喜”。什么是突然的“惊喜”呢？就是这一年下来，你都没有说员工哪里做得不好，结果年底考评你给员工不合格，年终奖没了。平时见了面都是你好我好大家好，结果到了关键时刻，你翻脸了，这是让员工最反感的。

可以说，反馈技术是确认员工过去的工作成果，指导未来的工作方向，使员工始终保持积极、正向的工作状态的有效举措。

有效反馈的两种方式

既然反馈是针对行为和结果进行的，那么现实中所有的行为和结果用目标来衡量只有两种可能：一是行为正确从而结果有效；二是行为有误从而结果无效。因此，教练应针对这两种情况分别给予两种反馈——积极性反馈（positive feedback）和建设性反馈（constructive feedback），如图5-1所示。

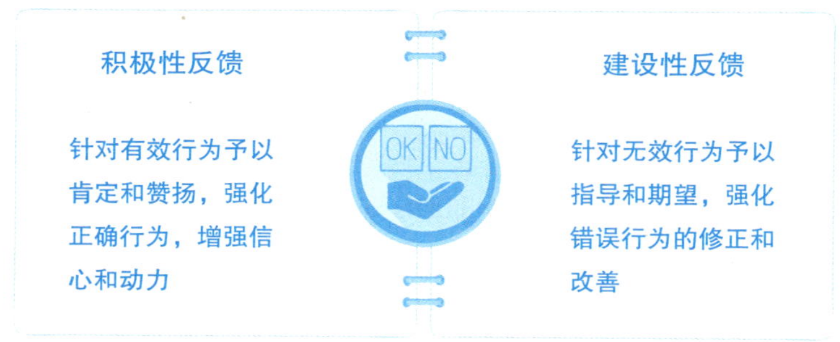

图5-1　积极性反馈和建设性反馈

通俗来讲，积极性反馈就是表扬。积极性反馈可以认可员工正确的行为和表现，并赋予员工正向的动机，增强员工的自信心，提升该行为的意愿度，激发正确行为的重复发生。

生活中，很多人喜欢自拍，并且在自拍后喜欢上传微信朋友圈。这个举动说明人的内心有一个清晰的需求，即想要被人赞赏。所以，我们会时不时地打开手机确认有多少人点赞。假设你在上传你的美照后，发现没有一个人给你点赞，那么你会有什么样的感受？有的人会感到失望和孤独，有的人会怀疑自己、否定自己。假如你收获了很多赞美，那么你的心中可能会充满自信和喜悦。

在日常工作中，能够发现员工的成就和员工的正确行为，及时给予员工肯定和认可是激发员工内在动力、凝聚人心的基础。然而，很多管理者却认为，员工拿着工资，正确做事、拿到成果是他们的职责和义务，没什么值得表扬的。这种“漠视”和“无动于衷”会让员工内在的动力大大受挫。当员工感受到做什么都没有任何意义时，他们的工作积极性也会慢慢下降。俗话说得好：“女为悦己者容，士为知己者死。”塑造和强化员工正确行为的最佳时机，正是员工“做对”事情的时候。

也有不少管理者认为，对员工真正的赏识，唯有升职、加薪才能发挥作用，口头表扬只是耍嘴皮子，做做表面功夫而已。对于口头表扬，他们抱有一种扭曲的看法。美国历史上第一个年薪过百万美元的管理者叫查尔斯·史考伯（Charles Schwab），他是美国钢铁公司总经理。记者曾问他：“你的老板为什么愿意一年付你超过100万美元的薪水？你到底有什么本事？”史考伯回答：“我对钢铁懂的并不多，我的最大本事是我能鼓舞员工士气；而鼓舞员工的最好方法，就是赞赏和鼓励。”也就是说，史考伯是凭他会赞美人而年薪超过100万美元的。赞美是激励员工塑造更好的自己的法宝。

当然，也有一些管理者比较担心：“赏识员工这个道理我们都懂，我们也努力要做到。但是，我们一对员工表现出赏识，员工就开始翘尾巴。”为什么会出现这种情况呢？因为表扬的方式出现了问题，我们后面将详细说明正确的积极性反馈应该是怎样的。

通俗来讲，建设性反馈就是批评。建设性反馈可以引导员工朝着正确方向行动，并修正错误的行为，让员工得到成长的机会，从而收获行动的积极效果。丘吉尔曾说：“批评可能会让人不爽，但它是必要的。批评的作用就像身体内的疼痛一样，可以提醒我们注意身体不健康的状态。”

对于建设性反馈，我们并不陌生。让员工清晰认知工作中存在的问题，并帮助他们改正，使他们达到应有的绩效水平，仍然是管理者的基本职责。然而，在工作中，很多管理者遇到的最大挑战是：明明是为了帮助对方而给对方反馈，但是对方并没有意识到自己的行为有什么问题，反而不领情。管理者“恨铁不成钢”的好意就这样被误解和辜负了。于是，管理者评价当代员工为“不定时炸弹”——说不得。那么，管理者该如何正确地进行建设性反馈呢？我们会在下面进行详细说明。

积极性反馈和建设性反馈是我们在日常管理中最常用的反馈技术。统计结果表明，中国的大多数管理者先看到的是员工的不足，运用最多的是批评。我们很多人从不吝啬自己的批评，这与人们希望受到表扬正好背道而驰。

作为管理者，我们不仅要让员工清晰地知道他们做了什么会受到批评，更要让员工明确他们做了什么会得到赏识和认可。遗憾的是，大多数管理者却花大量的时间让员工明白自己做了什么会受到批评。

从心理学的角度来看，当一个人已经接受了7次表扬时，他才能接受1次批评。有了7次的情感账户上的储蓄，才能消费1次情感，这时人们才会感觉这是公平的。当你听到这组数据时，你又有什么觉察呢？我们是不是太吝啬表扬，光顾着批评了？所以，今后积极性反馈的逐渐增加或者建设性反馈的逐渐减少都是大势所趋。世界从来不缺乏美，而是缺少发现美的眼睛。善于发现员工身上的闪光点，并发展这些闪光点，提升员工的自信与自尊，打造积极、正向的团队氛围，仍然是管理者的必备技能。

区分观察和评判

反馈的核心要点在于区分观察和评判。观察是通过视觉准确反映对方的行为或客观事实；评判是针对对方的行为或事实进行主观评价和判断。反馈的核心是观察，而不是评判。统计结果表明，被消耗的90%的沟通成本就是因为主观的评判，而不是客观的观察。印度哲学家吉杜・克里希那穆提（Jiddu Krishnamurti）说过："人类智慧的最高形式，就是不带评论的观察。"

在培训课程中，我们经常做现场调研，问参加培训的管理者："员工的哪些行为不符合各位管理者的要求？"大多数管理者反馈如下：

- 工作积极性差！
- 没有团队协作！
- 没有责任心！
- 没有思考能力、创新能力！

我们继续问："员工的哪些行为表明他们工作积极性差呢？"现场的声音又一次此起彼伏："不按时完成任务！""总是迟到！""不主动解决问题！""总是抱怨！"……

大家有什么发现？以上这些都不属于观察，而属于评判！

教练好比一面镜子，能够让对方看到最真实的自己。那么，教练如何才能做好一面镜子呢？那就是要把反馈的重点放在实际发生的语言、行为和结果的描述上，对观察到的事情进行客观的描述，而不是主观地揣测和评判，给人贴标签。比如：

- “工作积极性差”改成“他在上周出现问题，等到我提醒后才去解决”。
- “没有团队协作”改成“做完自己的事情，就先下班了”。
- “没有责任心”改成“工作交付时间比规定时间晚两天”。
- “没有思考能力、创新能力”改成“遇到问题首先来问领导怎么办”“这次市场策划跟上次相似度达到90%”。

《非暴力沟通》一书摘录了一首鲁思·贝本梅尔的诗，这首诗很好地阐述了评判和观察的区别。

我从未见过懒惰的人；
我见过
有个人有时在下午睡觉，
在雨天不出门，
但他不是个懒惰的人。
请在说我胡言乱语之前，
想一想，他是个懒惰的人，还是
他的行为被我们称为“懒惰”？

我从未见过愚蠢的孩子；

我见过有个孩子有时做的事
我不理解
或不按我的吩咐做事情；
但他不是愚蠢的孩子。
请在你说他愚蠢之前，
想一想，他是个愚蠢的孩子，还是
他懂的事情与你不一样？

……

我们说有的人懒惰，
另一些人说他们与世无争，
我们说有的人愚蠢，
另一些人说他们学习方法有区别。

因此，我得出结论，
如果不把事实
和意见混为一谈，
我们将不再困惑。
因为你可能无所谓，我也想说：
这只是我的意见。

观察和评判之间的区别相信大家应该清楚了。难就难在人的大脑是在接收信息后立即做出判断，这是人的本能，所以我们总是在不知不觉中，对他人做出评判。这只能靠后天加强练习，才能强制更改过来。所以，我们需要通过刻意练习对抗自己的本能，为弥补先天性的不足做出努力。本章给出的练习部分专门有让大家把评判改为观察的练习。

积极性反馈技术——AAA

那么，我们究竟该如何进行有效的积极性反馈呢？如果此刻让你回想一下你最有印象的一位老师并表扬他，那么你会如何表扬呢？很多人是如此表扬的：

- 老师，您的课讲得特别棒！
- 老师，您特别专业！
- 老师，您的课逻辑性特强！
- 老师，您的课幽默、风趣，全程没有尿点！
- 您是我见过的最优秀的老师，没有之一，下次我还要上您的课！

如果你是这位老师，在听到这样的反馈后会有什么样的感受？第一感觉肯定很开心，还挺兴奋的。因为这些话用的都是溢美之词，你听到后当然开心。但是，冷静下来，你不知道他说你“讲得特别棒”，到底棒在哪里。你也不知道他说你“专业”，到底专业在哪里。你甚至慢慢会感觉到“幽默、风趣”应该是每位讲师的基本素质，感觉“全程没有尿点”有点儿夸张，感觉“下次我还要上您的课”好像是应付。想到这里，你的开心、兴奋会瞬间消失，感觉大家只是在恭维你，给你面子而已。

假设有一位学员给了你这样的一段表扬信[1]：

亲爱的老师，您提前40分钟来到我们的培训室。在课程中，为了照顾到我们全场80位学员，您不停地走到每个小组前。从您生动的肢体语言和神态上，我就能够感受到您对教学的投入程度。课间休息时，您却没有休息，还将每组问题逐一归类和分析；课间练习时，您既能引导大家活跃思考，又能及时把握方向防止大家跑偏，还能在交流问题的过程中快速发现问题并给出专业的指导。只有对自己的课程有绝对的信心且对学员抱有很高的期望才能如此专注。您的勤勉和敬业令我由衷感叹！正因为您忘我的付出，我们的课堂氛围才能如此活跃，80位学员才能收获满满的落地的管理实操工具。今日，您的言传身教令我获益良多，不光是知识上的收益，也包括专业度、勤勉和应变的启迪，再次感谢您的付出。

看完这段表扬信后，你的内心应该是满满的感动。我相信这份感动并不只是因为这封表扬信的字数多，更是因为学员对老师细节的关注、认可和感激。你的内心肯定油然升起一股使命感：为了不辜负这样的反馈，我要用尽全力更加服务好这批学员。这就是积极性反馈的价值，不仅可以激发对方的内在动力和意愿度，还可以强化该行为的持续性。

总结一下，有效的积极性反馈一般由3个要素构成：一是描述行为和事实（Act）；二是阐述影响及评价（Actor）；三是表示欣赏和感谢（Appreciation）。这3个要素缺一不可，我们简称为AAA反馈技术，如图5-2所示。不难看出，上述学员的反馈完全符合这3个要素。

1　来自作者为某企业大学进行的一次培训中一位学员现场的反馈。

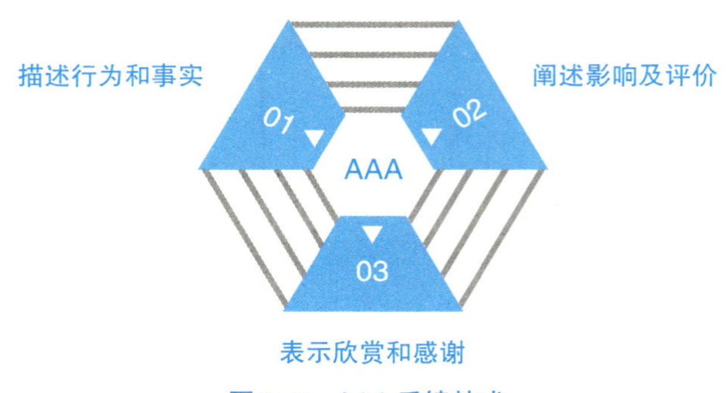

图5-2　AAA反馈技术

积极性反馈的注意要点如下。

首先，一定要聚焦行为和事实，而且要具体地描述该行为，客观地描述该事实，这就需要观察而不是简单的评判。

其次，阐述这些行为和事实会带来什么样的影响，也可以针对相应影响给予评价。描述或评价的影响不仅是针对个人的，还要针对团队和整体。我们越是把这个影响扩大化，对方越觉得有成就感，这也是一个赋能的过程，这时人的潜能会被真正激发。

最后，表示由衷的欣赏和感谢。

举例：

- 描述行为和事实。纪凡，上周一你主动向部门经理请教销售电话的话术，每天按时完成50个电话拜访，还按公司要求整理出有效客户的档案，并且详细备注了特定客户的需求以及你个人的建议。
- 阐述影响及评价。这样的工作方式，不仅会加快你本人的销售技能的提升，也为后续销售部门的其他同事上门拜访客户提供了有力的保障，为团队绩效目标的达成做出了卓越的贡献。我从中也能够感受你是特别有责任心的人。

- 表示欣赏和感谢。你对工作认真负责的态度为其他新同事树立了榜样。我非常欣赏你，谢谢你做出的表率和贡献。

为什么一定要先描述具体的行为和事实呢？有什么价值呢？

第一，行为和事实都是已发生的并且已确认过的，具有真实性，表明这个表扬是对方应该得到的，增加了可信度。所以，在反馈中我们需要学习准确地使用行为的描述，而不是使用一些评判的语言。这是反馈技术的一大挑战，我们要多加练习。

第二，要想客观地描述行为，一定要用心观察和关注对方，否则无法描述出来，这也是对对方的尊重。感动就是来自他人的关注和对细节的感知。

第三，不管是对当事人还是对他人，描述行为和事实都建立了正确的规范，树立了标准和努力的方向。

所以，积极性反馈一定要聚焦具体的行为和事实，通过准确的行为和事实描述表示认可。然而，在我们的表扬中，常常没有行为和事实的描述，所以这就变成了评判。

建设性反馈技术——AID

通过积极性反馈的学习，我们可能感受到表扬人不容易。其实批评人更不容易。因为表扬至少不用担心对方会生气，批评弄不好会和人起争执，所以我们在批评人的时候总会有些担心，担心对方会难以接受。有句话我们都知道："批评要做到对事不对人。"关键是怎样才能做到"对事不对人"，这个度很难把握。比如，管理者随口所说的一句"一点儿想法都没有"，这是针对人的，是一种人格化批评，直接伤害了对方的自尊和自信，必然会针造成对方的工作绩效下滑。管理者的一句“这样的报告毫无价值”，虽然不是直接针对人本身的批判，但还是会让人特别沮丧。

为此，还有一种称为“三明治”或“汉堡包”式的批评方法，就是先表扬一下对方（最上面一层），接着把“难听”的话说出来（中间一层），最后赶紧安抚一下情绪（最下面一层）。但如果一直使用这种模式，那么对方以后就不会听前后的内容了，因为他知道你真正想说的就是中间的内容。

还有很多管理者担心自己会“得罪人”，在工作中忍气吞声地做“老好人”，不断地扮演“救火队长”的角色，不仅把自己累得半死，还拿不到应有的工作绩效。著名企业教练约翰·惠特默（John Whitmore）曾说过：“没有正确的信息反馈，改正就不可能恰到好处。”建设性反馈是非常重要的，可以让员工正视自己的工作问题，改善错误的工作方式，以及提升工作效率。

有效的建设性反馈由3个要素构成：一是描述行为和事实（Act）；二是阐述影响及后果（Impact）；三是指明期待的行为和结果（Desired outcome）。这3个要素缺一不可，我们简称为AID反馈技术，如图5-3所示。

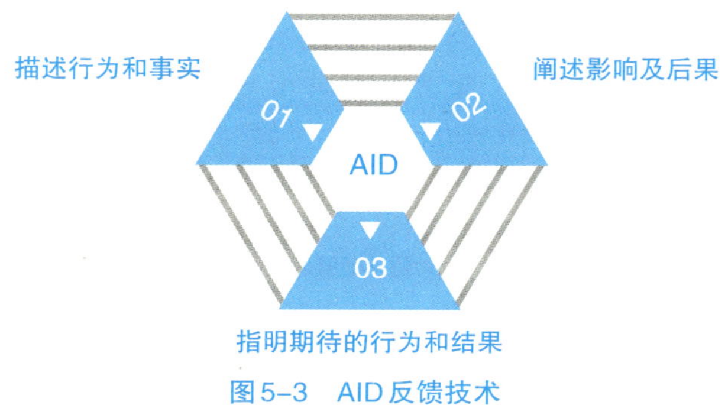

图5-3　AID反馈技术

建设性反馈的流程首先是描述行为和事实，然后阐述这些行为带来的影响及后果，最后指明期待的行为和结果。

建设性反馈的注意要点如下。

首先，行为和事实的描述应具体、客观和真实。我们在反馈时不仅需要顾及行为的结果，更要关注行为过程本身，因为过程会产生必然的结果。我们在描述行为时一定要注意观察，我们要观察人的具体行为，而不是对人本身进行评判。

其次，我们在阐述影响及后果的时候，不仅要描述这些行为对集体和团队的影响及后果，更要描述这些行为对下属的影响及后果。这与人性的某个特点相关。假设你因为迟到了并错过一个非常重要的销售电话，从而使公司错过了一笔大单。这时，经理A是这样对你反馈的："李主管，因为你今早晚进公司1个小时，客户打了5个电话都没有找到你本人，所以决定与竞争对手合作了。这给我们公司带来了重大的损失。"经理B是这样对你反馈的："李主管，因为你今早晚进公司1个小时，客户打了5个电话都没有找到你本人，所以决定与竞争对手合作了。这不仅给我们公司带来了重大的损失，也影响了你个人的绩效，明明到手的两万元的销售提成没有了。"哪一个反馈对你更有触动？答案肯定是后者，因为跟自己的利益直接相关。因此，在阐述影响及后果的时候，更要描述对下属的影响及后果，这样才能真正引起对方重视。

最后，期待的行为和结果也同样必须具体、明确和可行，并且需要正向表达。所表达的期待是下属今后需要修正的行为，所以为了下属正确落实行动，期待的行为和结果必须足够具体、明确和可行。我们经常会碰到在下属完成了某项工作之后，结果却跟管理者的预期有很大的差距。当管理者向他提出困惑时，对方的回答大部分是："噢，我不知道你有那样的要求。”很多员工的绩效结果与管理者的预期有差距，这与工作要求不明确直接相关。

期待一定要正向表达。我们需要清楚地告诉对方，我们希望对方做什么？如果我们只请求对方不做什么，那么对方也会不清楚我们到底需要什么。有一次朋友聚会，我的一位朋友分享了一个令人哭笑不得的故事。她的老公特别喜欢交朋友，所以每天晚上都有应酬，家庭的琐事和照顾小孩子都是我朋友一个人负责的。这让我的朋友特别不满，夫妻俩也经常因为这件事吵吵闹闹。有一天，我的这位朋友终于忍无可忍，特别严肃地宣布：“你不要再跟那些酒肉朋友一起喝酒了，你再醉醺醺地回家，那这日子干脆就不要过了。”结果，她的老公第二天就特别认真地用行动表达了自己的决心：“老婆，今后我再也不喝酒了，我已经购买了一年的健身卡。下班后，我就去健身两小时，健身完后再回来。”说完，她的老公便拿出健身卡在我朋友的面前晃了晃。她老公的这个举动，让她哭笑不得。请问，问题出在哪里呢？她只表达了不要什么，并没有表达想要什么，所以对方仍然不知道她到底想要什么。面对自己的内心也是相同的道理，只是告诉自己不要什么，你就会越来越迷茫。重要的是，你要清楚自己想要什么，这样你才会越来越有方向，越来越自信。

举例：

- 描述行为和事实。小周，这周你一共迟到了4次，而且还有两次是上午10点才到公司的——整整比公司的规定晚了1个小时。今天早上，你旁边的小金还替你接过5次电话。
- 阐述影响及后果。这样，不仅影响了小金的正常工作，还给客户留下了不专业的印象，更严重影响了你的工作进度。

- 指明期待的行为和结果。所以，希望你从下周开始能提前10分钟来公司。

上述案例中的表述很客观，针对的是具体事件，并非针对下属本人，最后也对下属提出了正向要求。

有效反馈练习

区分评判（意见）和观察（事实）

将表5-1和表5-2中的评判（意见）描述转换为观察（事实）描述。

表5-1　评判（意见）描述与观察（事实）描述（1）

评判（意见）	观察（事实）
他学习特别认真	
你总是积极配合老师	
小王工作完成得很棒	
小周责任心很强	

表5–2 评判（意见）描述与观察（事实）描述（2）

评判（意见）	观察（事实）
他开会总是迟到	
你很没礼貌	
小王工作做得很差	
小周的责任心差	

积极性反馈练习

请为自己生命中最珍爱的一个人（爱人、孩子、父亲或母亲等），送上最有诚意的积极性反馈。要求：关于行为和事实的描述不少于3个，尽量放大影响，最后表达最真诚的感谢或欣赏。你可以使用如下的积极性反馈卡。

建设性反馈练习

下属策划的方案没有创意，让管理者不太满意。上司是这样反馈的："做了那么久就出来这样的一份方案啊！这跟上次投标失败的方案有啥不同？你们到底能不能有点儿想法，有点儿创意啊？也不知道你们的脑袋是干什么用的，一点儿长进也没有！"请用AID的方式重新对该下属进行建设性反馈。

首先，不掺杂任何评论的具体的描述行为和事实；其次，阐述这个行为和事实所带来的影响及后果；最后，表达管理者期待的行为和结果。你可以使用如下的建设性反馈卡。

实战练习

积极性反馈练习

请在每个工作日（一周之内）至少对一名下属进行积极性反馈。为了便于总结复盘，请把对话要点记录于表5-3中。

表5–3　积极性反馈练习记录表

<table>
<tr><th colspan="2">教练：</th><th>谈话对象：</th><th>日期：</th></tr>
<tr><td colspan="2">反馈事项</td><td colspan="2"></td></tr>
<tr><td rowspan="3">反馈内容</td><td>行为和事实</td><td colspan="2"></td></tr>
<tr><td>影响及评价</td><td colspan="2"></td></tr>
<tr><td>欣赏和感谢</td><td colspan="2"></td></tr>
<tr><td colspan="2">对方反应</td><td colspan="2"></td></tr>
<tr><td colspan="2">自我评价</td><td colspan="2"></td></tr>
</table>

建设性反馈练习

请在每个工作日（一周之内）至少对一名下属进行建设性反馈。为了便于总结复盘，请把对话要点记录于表5–4中。

表 5–4　建设性反馈练习记录表

教练：		谈话对象：	日期：
反馈事项			
反馈内容	行为和事实		
	影响及后果		
	期待的行为和结果		
对方反应			
自我评价			

第3篇　教练流程

掌握教练流程，进行复杂式教练对话

问题在于流程，不在于员工。

——爱德华兹·戴明（W. Edwards Deming）

我们都知道音符的数量是有限的，但是一个人在钢琴上乱弹的曲子和一位钢琴家弹出来的曲子是有很大差距的。为什么会这样呢？其实真正的秘密并不在音符上，而在组合这些音符的顺序和方式上。相信这个原理不难理解。

教练对话也是相同的道理。如果没有对音符做出合适的排列，那么即使有演奏音乐所需要的所有乐器，我们还是无法演奏出动人的曲子。如果没有一套有效的流程来帮我们有序地组合这些教练的基本功——我们在第2篇学习的深度倾听、有力提问、有效反馈这3项教练的核心技术，那么我们也很难以最佳的方式高质量地自主完成一段对话。

基本功过关只是代表我们具备了教练的基础，这意味着我们可以进行简单式教练对话。但要应对更加复杂的问题，我们还需要把这些基本功按照一套程序组合起来，从而形成一系列流程，并且只有在熟练运用这些流程之后才能做出有效反应。这就是流程的价值。通过强大的功能设计，我们可以直接进入思维过程的核心。

普华永道把“流程”定义为“为产生特定成果的相关操作的有序组合”。我们从这个定义可以看出，流程有三大要点：第一，流程是为某个特定目的服务的，每个流程都有适合自己的应用场景；第二，流程的本质是次序的组合，操作次序不同，对应的流程就不同；第三，流程必须是有效率的。流程是实现目的的最佳逻辑路线，因此流程具有工具的属性。

本篇我们将系统地学习教练流程，以便能够熟练进行复杂式教练对话。

一些著名的对话流程示例

我们前面学习的深度倾听、有力提问、有效反馈是关于对话的3项基本功。对话是我们工作生活中最普遍的情境。针对不同的情境，我们会用不同的次序将这3项基本功组合起来完成具有特定目的的对话，因而形成不同的对话流程。表Ⅲ-1列出了3项不同情境中的对话流程，感兴趣的读者可以购买相关的书籍或者查阅相关的资料予以进一步了解。

表Ⅲ-1　在不同情境中的著名的实用对话流程

场景	对话目的	步骤程序	对话流程
销售	挖掘客户有效需求	需求背景—客户难点—隐含需求—扩大痛点—明确需求	SPIN 销售对话流程
面试	了解面试者真实能力	工作情景—角色任务—具体行动—成效成果	STAR 行为面试流程
聚焦讨论	得出新知	亲身体验—观察反思—总结提升—实践应用	ORID 聚焦式引导流程

简单举例介绍一下销售场景中常用的SPIN 销售对话流程。在销售过程中与客户对话的技术基础仍然是倾听（明确客户需求）、提问（挖掘客户需求）、反馈（对客户需求予以回应）。而把这3项技术组合起来的次序则取决于“目的”。

销售对话的目的只有一个：挖掘客户的有效需求。尼尔·雷克汉姆（Neil Rackham）先生在全球知名的销售咨询公司胡思威特（Huthwaite）所做的开创性研究表明，谁能在销售对话过程中越有效地挖掘客户的需求，谁与客户成交的成功率就越高。

于是，尼尔·雷克汉姆和他的研究团队设计了挖掘客户有效需求的流程：首先，从了解客户的背景开始，让客户思考所面临的问题和难点，引导客户说出自己的隐含需求；然后，通过对话不断地让客户感受这些难点带给自己的麻烦，让客户感觉为解决这些麻烦而支付的价格和相关成本是微不足道的；最后，让客户自己把你的产品和解决方案联系起来，从而推动成交。

有了上述的流程逻辑，接下来只要把倾听、提问、反馈3项对话技术嵌入流程的每一步，就能设计出著名的SPIN销售对话流程。[1] SPIN对话流程是目前销售领域最具实用性并且被反复验证过的最有效的销售工具。

那么，一对一教练对话的目的是什么？应该遵循什么样的流程？

让我们再次回忆一下绩能教练®给出的教练定义：“教练是基于对话技术，赋能个人达成绩效目标的持续过程。”这个定义已经清楚地表明了教练对话的根本目的就是：通过赋能让对方自行解决问题并达成

1　根据在胡思威特公司经过SPIN培训的第一批销售人员的绩效测量结果，经过培训的销售人员在销售额上比同一公司参照组中的销售人员高17%。

目标。因此，为了达成目标，教练对话应遵循的流程就是关于问题的分析与解决的流程。

本篇将通过解决问题的过河模型继续学习路径3和路径4，并在此基础上结合倾听、提问、反馈的对话技术掌握两种复杂式教练对话流程——SMART对话流程和GROW对话流程。

教练流程是绩能教练®方向之轮的轮框，是最终体现绩能教练®效率和威力的部分。当然其基础是轮辐（教练技能）以及轴心（教练原则）。

第6章　SMART目标提问框架

关于解决问题的路径，本书第4章给出了一个通俗易懂的形象化比喻——过河模型。教练可以依据问题的复杂度选择4条路径中的某一条路径过河。我们已经学习了解决简单问题的路径1和路径2，也就是简单式教练对话流程TOP7©。

然而对于更复杂的问题，我们则需要通过路径3甚至路径4来解决。这两条路径对应的就是复杂式教练对话流程，如图6–1所示。

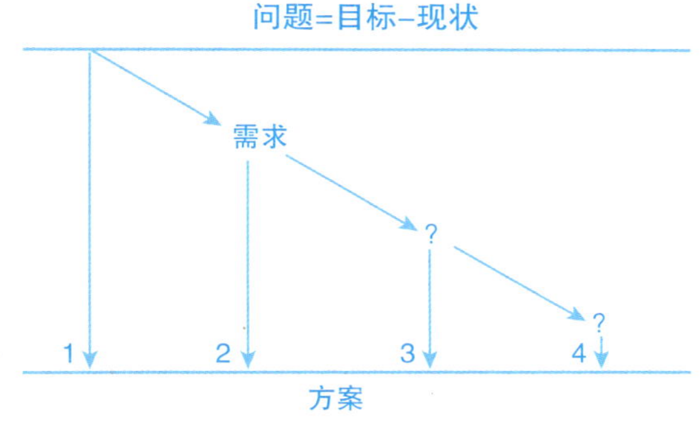

图6–1　复杂式教练对话流程

下面我们先来学习解决问题的第3条路径。

解决问题的第3条路径

如果问题相对于教练对象的复杂度进一步加大，教练对象从需求出发思考方案遇到了障碍，并且前两条路径已无法很好地解决问题，那么教练就需要让对方在需求和方案之间再多“中转”一步，从而降低对方思考问题的难度。那么，这一步究竟是什么呢？我们还是通过“我口渴”这个案例，一起来推导一下路径3的思路。

如果我们确认完对方的需求，了解到对方想要喝一杯橙汁，那么我们马上给对方倒一杯汇源橙汁，对方会不会特别满意呢？还是有可能不太满意。因为橙汁也有很多种类，有加工过的，也有鲜榨的。其中，加工过的橙汁有很多不同品牌，而鲜榨的橙汁也有常温的、冷藏的，各不相同。对方到底想要喝什么样的，我们还是不清楚。所以，了解完需求，从路径2直接寻求方案仍然会有很多挑战，甚至可能会事倍功半。

所以，有的问题即使需求明确了，但如果按照路径2的思路直接去思考方案，那么这个时候即使想出一些方案，也是粗略的，不会产生显著的效果。

再如，你说你的需求是“希望自己的人生更加幸福”。如果此时我按照路径2的思路直接问你：“如何才能让你的人生更加幸福呢？”你很有可能也会卡壳，很难马上回答。

为什么会卡壳？答案很简单，因为幸福这个需求太宽泛，我们很难回答。卡壳的本质还是需求太宽泛，让能力不够的教练对象无从下手，想不出具体方案。

怎么解决以上的问题呢？就是在思考方案之前，先启发对方把过于模糊或宽泛的需求具体化、清晰化。我们称具体化和清晰化后的需求为目标。有了具体的目标之后再去寻求方案，这种思路就是路径3，如图6-2所示。

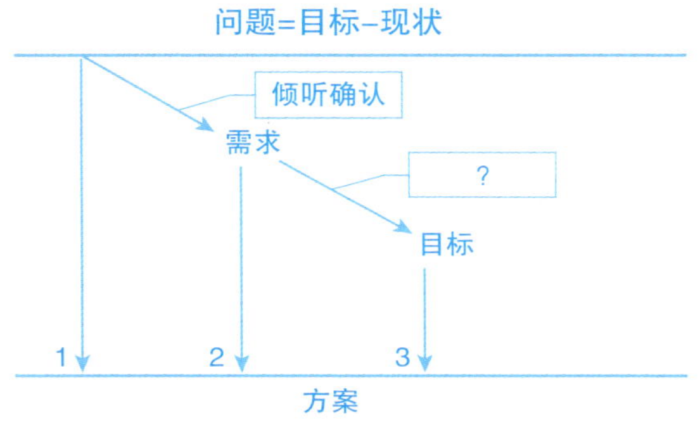

图6-2　解决问题的第3条路径

在图6-2中的路径3中，第一步从问题到需求，教练使用的主要技术就是倾听，让对方敞开心扉，再通过求证与对方确认明确的需求。不过需要注意的是，在求证需求时，下属在描述问题的话语里可能包含了不止一个需求，比如“我希望能提升员工的工作能力和积极性”。你的求证是：“你是希望提升员工的工作能力和积极性，是吗？”对方确认：“是的。”可是，提升“工作能力”和“积极性”是两个需求。记住，教练对话必须聚焦于一个需求，所以这时你需要让对方做出选择。但不要让对方选择“哪个重要”，这会让对方感到很为难，因为他会觉得都重要。你可以让对方进行选择：“你想先聊哪一个呢？”聊完第一个再聊第二个，这样他就不会纠结了。

那么，在路径3的第二步（从需求到目标）中，教练应该使用什么方法呢？答案就是SMART目标提问框架。

SMART原则

前面我们分析过，在路径3中，从一个模糊的需求中思考方案的关键一步就是把这个需求先转化为一个具体、清晰的目标。那么，什么样的目标才是具体、清晰的呢？就是符合SMART原则的目标。

SMART原则要求目标应该满足5个标准，分别是具体（Specific）、可衡量（Measurable）、可达成（Achievable）、相关（Relevant）、有时限（Time bound）。

- 具体。目标必须是具体的，不能是一个抽象的见仁见智的概念。不同的人对同一个目标的理解必须是相同的、确定的、没有差异的。因此，具体的目标应该具体到事、具体到人。比如，幸福、积极性、执行力都不是具体的目标，因为它们都没有具体到事、具体到人。
- 可衡量。目标必须有明确的衡量标准，可以判断是否可达成。可衡量有两种标准：第一种标准可以量化，即可以用数字给出标准，比如产量、销量等，我们把此类目标称为“定量目标”；第二种标准无法用数据表示，只能定性描述，即标准只能用具体的可被观察的行为表现或者结果来描述，我们把此类目标称为“定性目标”。
- 可达成。可达成是指目标必须是当事人可以施加影响的目标。对于我们非常希望达到但确实无法影响的事物范围，我们称之为关注圈；与之对应，对于我们可以影响的事务范围，我们称之为影响圈。那么，目标的可达成要求目标必须设定在当事人的影响圈内，让当事人成为目标的主人，这样既有一定的挑战性，又能激发对方强烈的动力。[1]

- 相关。相关是指目标必须与组织、战略目标有关联。目标的达成可以影响组织整体目标的实现，同时目标必须与自身和相关利益人有关联。目标具有价值和意义，才会有足够的吸引力。
- 有时限。目标必须要有明确的期限。在企业管理中，我们要求实现期限至少精确到具体的日期。

让员工成为自己目标的主人

如果一个目标不具备一定的挑战性，那么人们就不会有动力。如果目标不现实，那么人们就看不到希望，从而会直接放弃。所以，一个有价值的目标既要有一定的挑战性，又要有希望能够达成。

但是，企业在制定目标时，经常会面临两大挑战，即企业和员工在各自的立场上容易走极端。

第一个挑战在于企业。很多企业的管理者经常直接拍脑袋，提出一个在员工看来几乎不可能实现的（关注圈）目标，他们直接以命令的方式向员工传达，并要求员工丝毫不能质疑。管理者就是设定目标的主人，员工就是完成目标的执行者。管理者的这一举动，恰好剥夺了员工制定目标的自主权。我们永远不要低估自我选择对自我激励的价值。如果管理者这么做，那么员工或许表面上受领了目标，但是一

1　参见史蒂芬·柯椎的《高效能人士的七个习惯》。控制圈是“我”能够控制；影响圈是“我”不能够控制但是可以产生影响力；关注圈是“我”关心但“我”对其走向没有控制力，影响力也微乎其微。

定会因为自己缺少选择而士气低落，更恐怖的是，有些员工会用一年的时间用行动向管理者证明其目标错得离谱。没有达成共识的目标是如此可怕！

怎么办？聪明的管理者会让员工成为自己目标的主人。你可能会恼怒地跳起来："开什么玩笑？让员工自己定自己的目标，除非公司想关门了！更何况即使我们同意，公司也不会同意啊！……"这就是第二个挑战。

第二个挑战在于员工。如果让员工自己制定自己的目标，那么这个目标一般会过于保守，完全没有挑战性。但是，我们还是请你不要无视员工的选择，深呼吸，试着放弃你的骄傲和独断，先接受员工的目标，再从员工的选择出发，通过教练的方式帮助他们破除障碍，不断地激发他们的挑战欲，一步一步提升目标值，从而制定更有挑战性的目标。这时的目标正是双方达成共识的、对方愿意挑战的目标。请记住，当我想要做的时候，我的表现会比我不得不做时更好，我想做是为了自己，我不得不做是为了你。我们会在讲解SMART目标提问框架内容时将这个技巧传授给大家。

SMART目标提问框架

在明确了SMART原则后，教练就可以按照SMART原则的5个标准，通过提问技术让教练对象即便在没有学习过SMART原则的情况下也可以通过思考和回答教练的提问把自己模糊的需求转化成符合SMART原则的目标，这个提问技术就是"SMART目标提问框架"。

具体

目标必须是具体、清晰的目标。

- 你说的……具体是指什么？
- 你说的……具体是指哪个人？
- 你说的……具体是指哪件事？
- 你说的……具体是指哪方面？

可衡量

如果目标是可以量化的定量目标，那么我们可以让对方提供数据。

- 你希望达成的目标是多少？
- 你希望提升多少？

如果目标是难以量化的定性目标，那么我们可以使用度量式提问[1]，逐步让对方描述目标达成后可观察到的行为表现或者可测量的成果。

- 如果用1 ~ 10分来衡量……，10分是最理想状态，你希望达到多少分？
- 如果达到了……分，你会看到什么，听到什么？

1　度量式提问是一种提问方法，即面对定性的、无法用具体数据量化的目标（如积极性），教练可以首先将该目标的程度对应为1 ~ 10分的分值，再问对方希望达到多少分，然后针对对方给出的分值（如6分），继续通过提问让其描述所谓的6分对应的具体行为表现。因为行为表现是能够被观察到的，是可以被客观衡量的，因此度量式提问可以帮助对方将一个感性的目标描述成客观的、可衡量的目标。

可达成

为了确保目标是在影响圈之内，教练可以让对方思考这个目标是否是可影响目标。

- 你可以影响这个目标吗？
- 通过你的努力可以达成这个目标吗？

如果对方回答不可以，那么这说明对方判断出这个目标仅仅是其关注的对象。如果对方确实无法影响目标，那么教练可以让对方重新思考一个相关的可以影响的目标。

- 你可以影响的目标有可能是什么？
- 那你能达成多少呢？

在教练对象重新设立了新的目标后，回到第一步。

或者，如果教练觉得教练对象对目标其实是具备一定影响能力的，那么教练也可以尝试与对方继续探讨下去。

- 那你愿意一起尝试探讨一下吗？

相关

目标必须与组织目标有关，才能确保目标与公司整体战略具有一致性。目标必须与自身的使命价值有关，才能让对方有实现目标的动力。教练可以让对方自行思考这些问题。

- 实现这个目标与公司整体战略目标有什么关联呢？
- 实现这个目标对部门有什么价值（意义）呢？
- 实现这个目标对你本人又有什么价值？还有呢？

有时限

可实现的目标必须有明确的时限标准，教练双方应该就目标实现的期限达成一致。

- 你希望何时达成目标？
- 具体是哪天？

SMART 目标提问框架案例

案例一：打造一个高绩效团队

教练：上次会议我们聊到了关于团队建设的话题，相信你应该思考过了。今天咱们具体地谈一下，好吗？

教练对象：好的，领导。

教练：作为部门的负责人，你希望打造一个什么样的团队呢？

教练对象：当然是想要打造一个高绩效的团队了。

教练：那什么样的团队才算是一个高绩效团队？

教练对象：关键是要能拿到最好的业绩。

教练：你说的业绩具体指的是什么？

教练对象：因为我们部门是利润中心，所以业绩是指毛利润。

教练：你说的"最好业绩"具体是多少呢？

教练对象：今年至少达到1亿元吧，今后我们每年都要超过行业标杆，成为行业最佳。

教练：你可以影响这个目标吗？

教练对象：可以。

教练：目标实现对公司经营有何影响？

教练对象：这意味着公司研发的新产品得到了市场的认可，可以帮助公司成功地实现转型，还可以提高员工的收入。

教练：除了以上对公司和员工的影响，对你本人有什么意义？

教练对象：我的工作也会得到董事会的肯定，作为部门的管理者，我会很有成就感……

教练：嗯，所以你希望在今年12月31日之前，将团队打造成一个实现毛利润1亿元，并且今后每年都成为行业最佳的团队，是吗？

教练对象：是的。

案例二：提升员工执行力

教练：今天过来找我想要聊些什么呢？

教练对象：领导，最近我发现员工的执行力很差。

教练：听起来，你是想要提升员工的执行力，是吗？

教练对象：是的。

教练：你说的员工，具体是指哪位员工呢？

教练对象：就是部门里的一位老员工。

教练：那你说的这位老员工的执行力，具体是指哪个方面？

教练对象：是指在完成工作计划的主动性方面。

教练：这样吧，如果我们用1 ~ 10分来衡量这位老员工完成工作计划的主动性，10分是最理想的状态，你希望他达到几分？

教练对象：至少达到8分吧。

教练：如果他达到了8分，那么你会看到什么？

教练对象：首先，工作计划都能及时完成；其次，在出现问题后，不再放置不管，而是主动汇报并拿出解决方案。

教练：通过你的努力，他可以达成这个目标吗？

教练对象：我想应该可以的。

教练：实现了这个目标有什么价值呢？

教练对象：部门的员工会更加积极，也会更有活力。更重要的是，他也会给年轻员工起到好的榜样作用。员工对工作更有自主性，那我的管理也会更加轻松了。

教练：那么实现目标对老员工本人又有怎样的意义呢？

教练对象：这样，他就能获得更多的工作自主性，当然也能得到满意的绩效评价和职业发展机会了。

教练：你希望他多长时间达到8分？

教练对象：两个月，也就是10月15日之前。

教练：所以，你希望在10月15日之前，让这位老员工按时完成工作计划，当出现问题时，他不再放置不管，而是主动汇报并拿出解决方案，是吗？

教练对象：是的。

SMART目标提问框架练习

请在一周之内至少寻找3位下属，按照路径3的流程进行一次SMART教练对话，帮助教练对象梳理出一个正向的、符合SMART原则的目标，并将谈话的要点记录于表6-1中。

表 6-1　SMART 目标提问框架教练记录表

步骤	提问话术	重点摘要
发出邀请	■ 今天想聊点什么呢? ■ 我看到……，这会引起……，我们来谈谈这个问题，好吗?	
求证需求	■ 听起来，你是希望……，是吗? ■ 这个问题我们想要达到的结果是什么呢?	
具体	■ 你说的……具体是指什么? ■ 你说的……具体是指哪个人? ■ 你说的……具体是指哪件事? ■ 你说的……具体是指哪方面?	
可衡量	■ 你希望达成的目标是多少?（定量目标） ■ 如果用1 ~ 10分来衡量……，10分是最理想状态，你希望达到多少分? ■ 如果达到了……分，你会看到什么，听到什么?	

续表

步骤	提问话术	重点摘要
可达成	■ 你可以影响这个目标吗？ ■ 你可以影响的目标是什么？ ■ 那你愿意一起尝试探讨一下吗？	
相关	■ 实现目标与公司整体战略目标有什么关联呢？ ■ 实现这个目标对部门有什么价值（意义）呢？ ■ 实现这个目标对你本人又有什么价值？还有呢？	
有时限	■ 你希望何时达成目标？ ■ 具体是哪天？	
目标确认	■ 听起来，你是希望在……时间，让……达到……，看到……的结果，是吗？	

第7章　分析与解决问题的第4条路径

到目前为止，我们已经学习了分析与解决问题的前3条路径。对于更复杂的问题，即便目标足够具体、清晰，但是在直接思考方案的时候，我们还是会遇到很大的挑战。

思考一道面试题

让我们从一个实例开始吧。下面的问题是世界顶尖咨询公司之一的普华永道在招聘员工时常用的一道面试题。你不妨想象自己是现场的一位面试者。好的面试题一定是表述特别简单、通俗易懂的。这道题就一句话：

如何把200毫升的水装入一个只有100毫升的杯子里？

在你开始思考甚至已经准备把答案告诉我之前，我再啰唆一句：

这道题是一道经典面试题，所以请不要用脑筋急转弯的思路。什么叫脑筋急转弯的思路？举个例子吧。你可能会这样答题："这个杯子实际的容量其实是200毫升或者更多，之所以说这是一个100毫升的杯子是因为这个杯子的外面贴了一个标签，上面写了一行字'100毫升杯子'，所以直接把200毫升的水倒进这个杯子是没有问题的。"这样的回答其实是在玩文字游戏——纠结题目中的"100毫升"究竟是实际的容量还是一个标签，这就失去了面试的意义。

好了，你可以开始思考答题了。你可能很快就想出了一个方法：把这些水冻成冰后再放入这个杯子里。事实上，这也是在过去实际的面试中或者我们在课堂上获得的最多的一个答案。显然这个答案是可以被接受的。或许有些读者会有疑问：把水冻成冰后体积应该更大，怎么装入只有100毫升的杯子呢？虽然水变成冰后体积更大了，但固体的冰不会流动，只要形状合适（比如细长的圆柱形），把它放入100毫升的杯子里是可以理解为常识意义上的"装入"的。注意，这里再次强调不要过分抠"装入"的字眼，我们按一般生活常识理解就可以了。

在有了一个"靠谱"的方法后，你可能不一会儿就能说出几种答案。下面，我们把在过去听到的次数最多的答案罗列出来，你也可以看看你的答案是否在其中。

- 分两次倒水，一次一半。
- 把200毫升的水往杯子里倒，题目里也没说水不能流出来。
- 先把200毫升的水装入一个塑料袋里，然后把这个塑料袋塞入杯子。

让我们先看一下上述答案。第一个答案显然违反了题目中只能是“1个”杯子的要求；第二个答案更像是前面说过的脑筋急转弯的思路，纠结对“装入”这个词的理解，显然题目里的“装入”是按常识意义上理解的“不流出来”的意思；第三个答案是使用了除了杯子以外的其他物品——塑料袋，不合题意。

面试官更青睐哪种答案

你的答案或许在其中，或许不在其中。你可能会说你的答案更符合题意，可是问题的关键不在这里。让我们用前面提到过的那个“靠谱”的方法为例，看看究竟应该如何回答这道题。刚才说了一种方法，就是把水冻成冰再装入杯子。假如是你首先向考官说出了这个方案，考官觉得也符合题意，那么一个更重要的问题是：考官会不会因为你说出的这个“靠谱”的方案就决定你通过了此次面试呢？如果不会，那么第二个重要的问题就是：说出什么样答案的面试者会被考官选中？是能够说出更多方案的面试者，还是能够对这道题加以质疑的面试者，抑或能够勇敢地对考官说不可能的面试者？

答案是这些人都不是考官想要寻找的合格人选。要回答考官究竟青睐什么样的面试者，我们就必须思考一个根本性的问题：考官用这个面试问题是来招聘什么岗位的人？我们都知道，面试问题的设计是与招聘的具体岗位有关的。

虽然前面我没有交代这次面试招聘的具体岗位是什么，但如果你能思考这个问题，那么就说明你开始上道了。刚才提到了这是一家咨询公司的面试题。咨询公司最常见的招聘岗位就是咨询顾问。那这道题究竟与咨询顾问的岗位有什么关系呢？

那我们就要思考咨询顾问是干什么的？最简单的回答是："咨询顾问就是解决客户提出的各种问题的。"那我继续启发你思考下面这个问题："刚才假如说你很快就想出了一个'靠谱'的方法（把水冻成冰），那么你想出答案的这个事实从考官的角度来看是偶然因素大还是必然因素大呢？"

从考官的角度来看，他会认为你得出答案的偶然因素大。为什么？这里我可以列举最为常见的3种偶然性。

第一种偶然性是因为你特别聪明，比如智商超高。

第二种偶然性是虽然你智商平平，但你特别勤奋，你为准备这次面试事先把所有网上可以找到的各种面试题都做了一遍，恰好也看过这道题。

第三种偶然性是虽然你不聪明，也不勤奋，但因为当天你的心情超好，临场发挥出色，你突然就想到了答案。

假设公司把你和其他的一些候选人都录用了，把你们一起派到某个客户那里，客户要求你们拿出解决方案。你觉得公司应该寄希望于你们中的一个智商超群的天才，还是寄希望于你们运气好，抑或寄希望于你们今天发挥出色等难以预测的因素？显然都不是。作为顶尖的咨询公司必须把得到解决方案的希望寄托于诸如方法论、思维逻辑等非偶然因素上。

现在我可以告诉你面试官的底牌了：他不在乎你给出的具体答案是什么，他关注的是你得出答案的过程和方法。具体来说，他在寻找思维逻辑符合解决问题路径4的候选人。

解决问题的第 4 条路径

我先请问刚才积极思考并说出答案的读者朋友，对照第6章

图6-2的过河模型，你觉得你解决问题的思考过程遵循的是第几条路径呢？

绝大部分的读者会说路径1或路径2。没错，大多数读者在看完问题后就直接进入了方案的思考，所以基本上符合路径1或者路径2。还有读者在看完了问题后，发现这个问题的目标特别清晰，不仅具体而且量化，完全符合目标的SMART原则，这已经是一个SMART目标了。从这里开始探索方案的思考者遵循的就是路径3。

对于生活和工作中的绝大部分问题，前3条路径已经足以解决。但作为要求更高的咨询顾问和需要拓展下属思考能力的企业教练，这还不够，他们必须掌握第4条思考路径。我们先将第4条路径画出来（见图7-1），再详细解释。

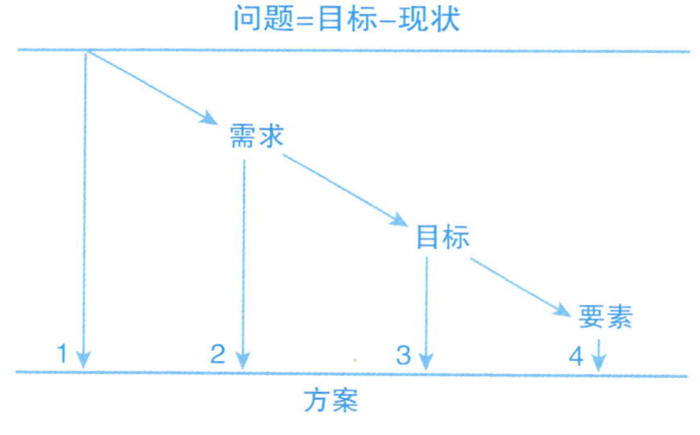

图7-1　解决问题的第4条路径

图7-1告诉我们分析与解决问题的第4条路径是：要素→方案。前两条路径其实和路径3是重叠的，但路径3从目标开始就直接思考方案了，这样得到的方案受偶然性因素的影响比较大。路径4则从目标开始，不是直接跳入方案的思考中，而是再增加一个关键步骤，即找出影响目标达成的各个要素；在找到所有可能的要素之后，从每个要素出发去探索方案。

用路径 4 来重新思考

我们重新再来思考刚才的那道面试题，让大家体验一下路径 4 的思维特点。

根据路径 4 的流程，我们首先要做的就是迅速地将刚才的问题转换成一个清晰的目标，根据问题的定义“问题 = 目标 − 现状”，任何问题一定包含着一个目标。这道题的目标再清楚不过了，就是把 200 毫升的水完整地装入一个只有 100 毫升的杯子里。为了让目标更加清晰、直观，我们不妨把目标画出来，如图 7–2 所示。

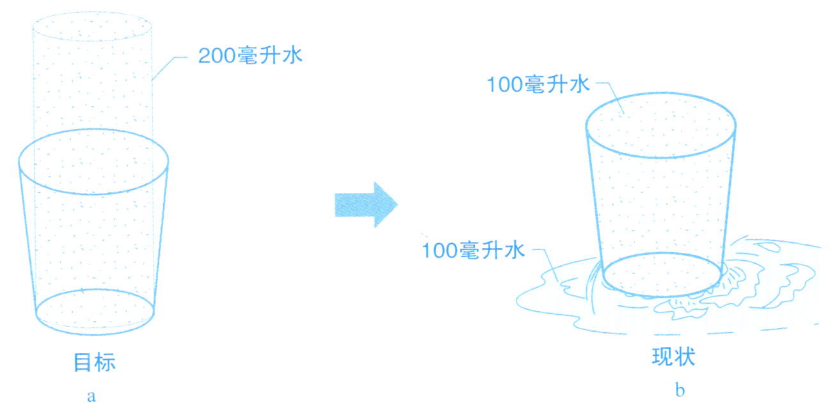

图 7–2　目标与现状

图 7–2a 是我们想象出来的如果目标实现之后的画面：全部 200 毫升的水被装在一个 100 毫升的杯子里。虽然我们目前还不知道具体怎么实现这个结果，但我们可以把它想象出来，这就是人类想象力厉害的地方。

根据图 7–1 的路径，有了目标似乎就可以进入下一步，即把影响实现目标的要素找出来。但还不行，我们在思考要素前还有很关键的一步。再次根据“问题 = 目标 − 现状”，问题的实质就是目标和现状的差异。其实分析要素指的是分析造成“差距”的要素，所以在思考要素之前我们必须要清晰地界定“差距”。既然我们已经把目标画出来了，那么我们不妨把现状也画出来。想象一下，如果我们强行把200毫升的水倒入一个100毫升的杯子，那么会怎么样？估计大家很快就能画出图7-2b的状况：杯子里有100毫升的水，还有100毫升的水会流到外面。有了目标和现状，我们就可以清晰地界定这个问题的“差距”了。如果用一句话来描述这个差距，那么我想大家不难得出差距，那就是：有100毫升的水会溢出！

下面，我就用教练对话里的提问技术引发大家进行下一步思考：造成100毫升的水溢出的关键因素有哪些呢？

大家应该很快就会想出很多因素：第一，杯子太小（或者说水太多）；第二，水是液态的，所以会流出来；第三，液态的水之所以会流出来是因为重力的因素。其实前两个因素都是系统内部要素，而第3个因素是系统外部要素，也就是环境因素。我们把这些因素列出来：

- 杯子容积。
- 水的状态。
- 重力。

好了，到目前为止，我们轻松地找到了3个因素。那么还有没有其他因素呢？或许还有，但这不重要，我们只是用这道题来体验路径4的思维模式。这3个因素足以说明问题了。

各位读者，还记得我们在第4章“有力提问”里提到的如何衡量提问水平的标准吗？当时，我们提出了两个指标——“广度”和“深度”。也就是说，如果你的提问能够拓展对方思维的广度和深度，那么你的提问就是有价值的。但当时我们并没有给出“广度”和“深度”的具体衡量标准，现在有了分析因素的思路，我们就可以给出这两个“度”的标准了。

“广度”可以用因素的数量来衡量。比如，对方自己思考只能想到1个因素，而经过你的启发想到了3个、4个或者更多的因素，这就说明你的提问扩展了对方思维的“广度”。

“深度”就是沿着某一个因素继续启发、深挖，把大因素进一步细化成更小的因素。如果读者学习过金字塔结构性思维，那么读者是很容易理解这个过程的。对金字塔结构性思维有兴趣的读者可以读一下芭芭拉・明托（Barbara Minto）的《金字塔原理》。

我们先从一个简单的因素入手。前文的第2个因素是“水的状态”，我们就沿着这个因素继续分解下去。大家都知道水的状态有3种：液态、气态和固态。当你写到固态的时候，你很容易就想道：“对啊，固态的水不就不流动了嘛。”稍稍思考一下，怎么样才能把水从液态变成固态？把水冻成冰！看，我们不费吹灰之力就得到了答案！不仅如此，当你想到“把水冻成冰”的方案时，你会发现这个方案的实质是用降温的方法转换水的状态。那你可以继续扩大思考范围——除了降温还有什么方法可以转换物质的状态？稍稍有些物理知识的读者一定会想到“加压”也可以实现在温度不变的条件下转换物质的状态。如果压强足够大，那么我们就可以把常温下的液态水“变”成固态冰。这样我们就得出了两个具体的方案：降温法和加压法。

我们得到了两个方案，可以以此为基础继续挖掘。你会发现这两种方法的实质是用物理方法实现物质状态的转换。那除了物理方法之外还有什么方法可以实现物质状态的转换呢？当然还有化学方法。以前，一些有化工专业背景的学员告诉我：“老师，我们在实验室里研发了一种粉末状的添加剂，只要放一点点在水里，水就会凝结成果冻一样的物质。”

我们从最早的一个因素（水的状态）出发，不断分解因素，最后得到了3种方案。亲爱的读者，你此时有没有感觉到，方案不是随机蹦出来的，而是沿着路径4推导出来的！

让我们把这道题思考完。下面，我们从一个难一点儿的因素入手，第1个因素是“杯子的容积”。要对这个因素展开分析，我们需要突破一个思维定式。让我们再次回到这个问题的描述：“如何把200毫升的水装入一个100毫升的杯子里？”请问题目里杯子的容积100毫升是杯子装入水之前的容积，还是装好水之后的容积？

稍微仔细看题的读者很快就能理解题目里的100毫升是这个杯子装水之前的容积。我们这里有一个不易被自己察觉的思维定式——杯子在装水之前和装水之后的容积是不变的。可是杯子的容积有没有可能会发生变化呢？当然会。那么杯子的容积是否会发生变化是由杯子的什么属性决定的？当然是杯子的材质了。我们沿着“杯子的容积”这个因素，按照杯子材质与容积的关系继续分解，可以把杯子材质分为两种：一是刚性材质（如玻璃、木质、钢材等）；二是弹性材质（容积会发生变化的材料）。那么具体哪种材质可以做出一个容积会变化的杯子呢？非常简单，比如像气球一样的材质做的杯子。当然，如果你是学材料专业的，那么你可以大大发挥你的专业优势，列出多种高分子材料。

现在，只剩下最后一个因素了——重力。读到这里的读者应该很快就分解好了，至少有两个子因素：有重力的环境和失重环境。那有哪些方法可以营造一个失重的环境？第一个想到的就是去太空！（说明我们国家的太空事业深入人心啊！）那有没有在地球上就可以找到的失重的环境？如果你没有把你的中学物理知识全部还给老师，那么你应该很快想到，在任何一个自由落体的系统中，里面的空间是处于失重状态的。比如，电梯的牵引绳突然断了，电梯的箱体处于自由落体的状态，那么电梯内部就会出现失重的现象。

最后，我们把刚才的分析总结成用金字塔结构形式表现的图形，如图 7–3 所示。

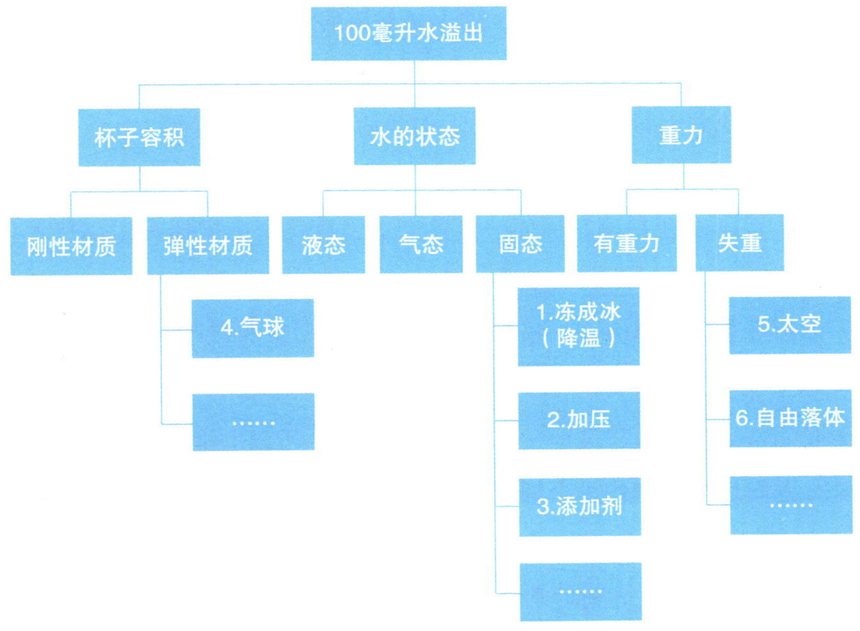

图 7–3　因素分解图

有了图 7–3 这样的因素分解图，我们就可以轻松地定义另一个概念了，即思维的“深度”。我们可以用因素分析的层次来衡量思维的“深度”。在图 7–3 中，我们从差距思考开始找到了造成差距的 3 大因素，即一级因素；然后沿着每个因素继续分解，得到了更多的二级因素。我们还可以沿着二级因素继续分解，得到三级、四级更细的因素。在这个例子里，我们只分解到二级因素。我们最终找到了 6 个具体的方案。当然，你可以找出更多的方案。

所以，所谓的“深度”就是如果通过你的启发，对方能够将一级因素扩展到更细的二级、三级或四级因素，那么本质上就是你拓展了对方思维的“深度”。“深度”和“广度”综合起来就可以衡量你的提问水平和效果了。

那么，在我们找到了很多方案后，问题结束了吗？没有。我们要对每个方案进行评估和选择，选出最靠谱的方案。所谓“靠谱”就是用一些类似于成本、可行性、重要性等指标对方案进行决策。在这个例子中，我们也简单地过一遍最后的评估和选择方案步骤。

我们先排除太空方案。因为这个方案不仅成本太高，而且技术门槛也太高，即便在国家层面，世界上也没有几个国家拥有太空技术，所以排除。

再看自由落体方案。虽然我们不用花费昂贵的费用跑到太空，在地球上就可以实现，但在一个处于自由落体状态的电梯里完成这个任务是非常危险的。这只是一个理论上的方案，所以也排除。

再看用气球制作一个杯子的方案。这个方案貌似成本不高，技术难度不大，也不危险，但从环境因素考虑，我们也排除了这个方案。

再看加压方案。物理常识告诉我们，这个方案在理论上确实可以，但如果要在常温下将水转换成冰需要很大的压强，那么这会造成这个装置不稳定，有安全的风险，所以排除。

添加剂方案貌似没有风险，但这种添加剂只是实验室产品，还没有量产，市场上不易买到，所以也排除。

最后对比下来，我们发现还是“把水冻成冰”这个方案最简单、最便宜、最安全和最环保。

读到这里，你会发现我们刚才用路径4的思路走了一大圈，花费了大量的时间，最后得到的方案与一开始灵机一动得到的方案竟然是一样的！那么，我们刚才的这种思考模式的价值又在哪里呢？

我们不难看出，这种思考模式的价值就在于它的系统性和确定性。具体来说，它可以使得我们把找到解决方案的可能性摆脱对人的智商、经验、勤奋、发挥状态这些不确定性因素的依赖，让普通人也能进行高质量的思考，从而得出高质量的方案，这就是路径4思维的威力。这也是用路径4思维的方式对下属进行启发的价值。

至此，我们已经推导出了问题分析与解决的一般逻辑，这就是路径4的过河方法。下面，我们要把教练对话的3项核心技术——倾听、提问、反馈——嵌入这个流程里，得出复杂式教练对话的一般流程。这就是教练技术里的GROW对话流程，也叫作GROW模型。

第8章　绩能教练®对话流程

GROW模型是一种用来分析和解决问题的简单、实用的流程，最早在英国提出，并于20世纪90年代作为教练对话流程广泛使用在企业教练实践中。

尽管有很多人声称自己是GROW模型的提出者，但没有任何一位能被确定为GROW模型的真正提出者。不过，格雷汉姆·亚历山大（Graham Alexander）、艾伦·范恩（Alan Fine）和约翰·惠特默被认为是对GROW模型做出杰出贡献的3位企业教练界人士。

绩能教练®对话流程图解

GROW模型发展至今有多种版本，基本上大同小异。绩能教练®结合业界广泛使用的各个版本，基于10多年的企业内部教练实践经验，总结出简单、实用、有效的GROW模型企业应用版本，是绩能教练®方向之轮的轮廓，如图8-1所示。

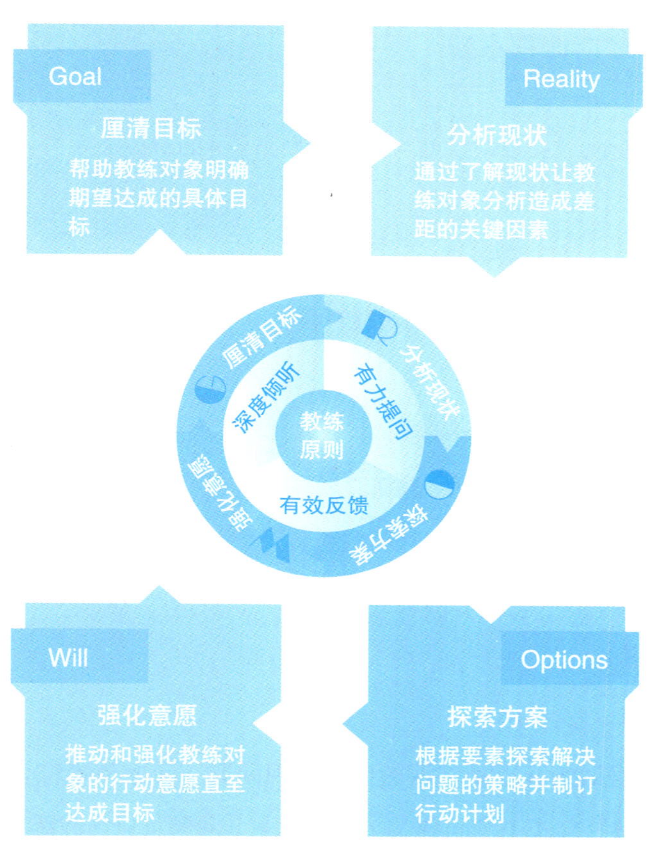

图 8–1　GROW 模型

GROW 模型将一次性完整地解决问题的教练对话分成 4 个步骤，遵循了问题分析与解决（过河模型路径 4）的内在逻辑顺序，并结合了教练对话的倾听、提问、反馈技术，形成了复杂式教练对话的流程。GROW 模型的每个阶段都离不开教练对话的 3 项基本功。这 3 项基本功根据模型的先后次序向前推进直至解决问题、达成目标。

绩能教练® 方向之轮的轴心是无所不在的教练原则；轮辐是教练的 3 项核心技术；轮框是负责绩效表现的教练对话的 GROW 流程。这 3 者有效结合，不断推动教练对象向既定的目标前进。

GROW对话流程详解

不难发现，GROW模型与过河模型路径4的对应关系可以用图8-2表示。

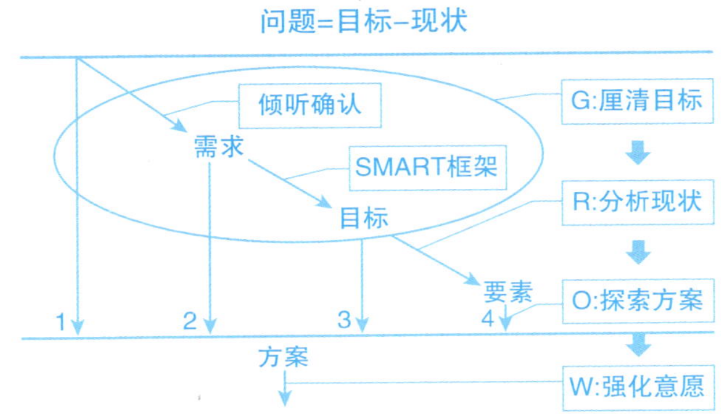

图8-2 GROW模型与过河模型路径4的对应关系

对话起点和终点

教练对话的起点是在河的此岸发现问题。问题是指符合“问题=目标-现状”公式中“问题”一类的问题。问题可以由教练对象提出，我们称之为教练对象发起的对话。问题也可以由教练提出，我们称之为教练发起的对话。

在界定完问题后，我们快速求证需求进而确定精准的目标，然后通过影响要素的分析寻找可行的解决方案。重要的是，在实际操作中，我们不能止步于教练对象找到方案，而应推动教练对象落实行动方案，实现目标。

步骤一：厘清目标

根据绩能教练®对教练的定义，教练是以结果为导向的。因此，有效的教练对话应该从问题描述中迅速锁定问题背后的目标。根据“问题=目标－现状”，任何一个表述清晰的问题必然包含了一个特定的目标。

现实中，在对话开始时，目标的表述一般比较模糊，目标可能是想实现大致的需求，此时教练的核心任务就是使用ART倾听法确定问题背后的需求[1]。

在确认完需求后，双方的下一步对话就是将这个模糊的需求具体化、清晰化。主要使用的工具就是SMART目标提问框架[2]，进而厘清需求背后更加精准的目标。

事实上，从目标出发而非现状出发是现代咨询业关于问题分析与解决方法论的一大进步。早期咨询业的实践告诉我们，从现状出发探讨问题的逻辑会出现三大挑战。第一，基于现状的目标容易被过去的表现局限，只能基于过去的所作所为来设定目标，而不能基于未来可以做什么，所以只能实现较小的增长，无法实现本应有的成就；第二，漫无目的的基于现状的对话容易让人产生负面情绪，让对话成为抱怨和吐槽；第三，常常是花了大量的时间却得不出有效的结论。所以，厘清目标是GROW模型的第一步骤，做到结果导向，有的放矢。

步骤二：分析现状

在有了清晰的目标后，了解现状就有了明确的目标指引。为了避免只为了解现状而了解现状，我们必须清楚了解现状的目的是什么。

1　用ART倾听法确定问题背后的需求的具体方法请参考本书第3章中的“求证问题背后的需求”部分。

2　关于SMART目标提问框架请参考本书第6章。

这个目的就是得出差距！根据“问题=目标－现状”，为了界定差距，我们只需要了解与目标相关的现状。这不仅为了解现状界定了明确的范围并节省了宝贵的时间，也为了解现状的有效性提供了标准。

定量目标对应的现状也必须是可以量化的，所以必须要用数据来描述现状。定性目标对应的现状很难用数据表示，因此我们可以继续使用度量式提问。让教练对象在1 ～ 10分的标尺上给出现状的分值，并描述该分值对应的行为表现或者可观察到的现象。

教练提问与顾问在调研时的提问有所不同，不是为了教练自己而收集关于现状的数据和信息。了解现状的主体应该是教练对象，教练对象需要清晰现状，界定与目标的差距。

根据差距，教练可以继续推动让对方思考造成差距的具体因素和原因。我们可以使用图7–3中金字塔结构的方式，尽量扩大对方思维的广度和深度。

在启发对方思考因素的过程中，如果对方确实思考不出任何因素，即存在思维“卡死”的情况，那么教练可以酌情对教练对象运用C+T教练模式[1]。

步骤三：探索方案

在完成第二步的因素分析后，需要针对每个因素让对方思考解决策略或者方案。这里教练提问的话术尤为重要，很多教练此时喜欢用“为了实现目标，你会采取何种行动”这样的话术。请问在探索方案时，这个提问是在引导对方在第几条路径进行思考呢？在图7–2中，我们不难发现，这是路径3的思考模式，即跳过要素的分析直接从目

1　详细内容请参考本书第4章中的“C+T教练模式”部分。

标到方案。因此，正确的提问话术一定是让对方从要素出发来探索方案。

在探索方案的阶段，为了打开对方的思维和增加对方的自信心，我们不要立即对对方提出的方案加以评价，此时数量比质量更重要。足够的数量和鼓励性的谈话氛围可以激发更多的创造力。

在探索方案的阶段，也可能出现对方思维“卡死”的情况，教练可以再次运用C+T教练模式酌情给出一定的建议。不过，在探索方案阶段的建议相比在寻找因素阶段的建议，自己“背猴子”和让对方养成依赖习惯的风险更大，更需谨慎使用。有时，放手让对方尝试（尽管结果可能不完美甚至可能失败）也是一个不错的选择，因为对方从挫折中受到的启发更具有价值，不是吗?

在每项要素都匹配了可行的方案后，教练可以通过提问让对方对方案的可行性、经济性、有效性等进行评估，最后做出自主决策。

探索的方案一定要具体化，避免使用一些模糊的概念，比如“加强与部下的沟通”就是经常遇见的非常模糊的概念。此时，教练就要追问一下如何沟通（如电话、面对面、会议）、和谁沟通、什么时候沟通等问题，让方案可以落地和追踪。

步骤四：强化意愿

如果完成了前3步，教练对象就已经在教练的帮助下从河的此岸（问题）来到了彼岸（方案），但这还没有结束。教练最后一步工作就是要推动对方去落实方案。我们力图避免的情况就是经常发生的“想想感动，说说激动，回去一动也不动”的情形。

强化行动意愿的方法对于不同的辅导对象有不同的方法，本书鼓励读者结合自身的管理经验将有效激发员工意愿的方法应用在这一步上。

这里我们给出3种比较有效的方法：总结复盘、设定奖惩、支持肯定。在对话结束阶段，如果教练对象能对谈话的过程和收获进行一定程度的总结，那么这不仅可以让他的思路更清晰，还能加深他对结果的承诺。设定奖惩是常见的增强行动力的有效方式，这里的重点是让对方自己给自己设定奖惩，而非传统意义上那种来自外部的奖惩制度。如果教练对对方在谈话中的具体表现运用积极性反馈技术，那么这不仅会有助于提高对方行动的意愿，还会有助于对方在下一次对话中有积极表现。

教练对话往往不是进行一次，而是根据进展情况持续地跟进，因此利用对话的最后阶段和对方约定下次对话的时间和地点也是非常重要的。在和对方约定下次对话的时间时，教练需要确定谈话的频率。一般的规则是对方能力和意愿越强，双方谈话的频率越低。

GROW对话流程的常用秘籍

在运用GROW模型开展复杂式教练对话的过程中，对方有时会出现没有任何想法的情况。针对这一情况，绩能教练®给出的解决方案是，我们可以酌情给对方一点的建议，前提是教练自身需要具备针对这一问题的知识、经验，甚至答案。如果教练自己对这个领域很陌生，并不能给出建议，这时又要怎么办呢？

虽然本书无法针对所有的问题给出相应的解决方案，但我们根据多年的国际咨询工作经验和数十年的企业教练实践经验，针对实践中最常见的几种情形给出了可以用于帮助探索因素的具体的诊断模型（工具）。

秘籍一：绩效因素分析模型

管理者的本质就是通过管理活动让下属达成业绩目标。所以管理者最为常见的情形就是通过GROW对话流程辅导下属，从而解决绩效差距，达成绩效目标。在探索造成绩效差距的因素时，如果教练需要依据C+T的原则给出一些建议或者具有启发性的东西，那么绩效要素模型便是教练在分析绩效问题时一个常用的工具，如图8–3所示。

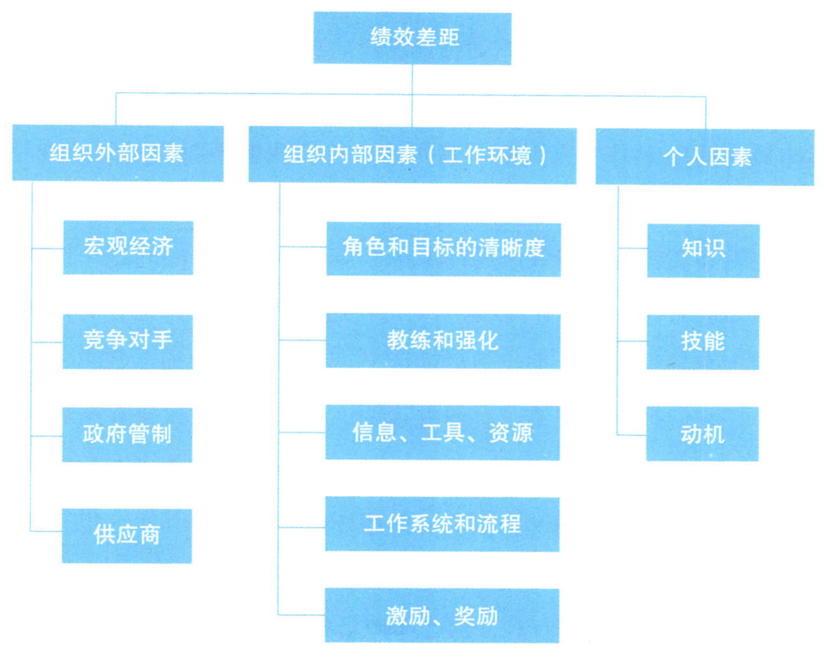

图8–3　绩效要素模型

该模型用金字塔结构列出了造成绩效差距的各种因素。金字塔的顶端是某个绩效差距。造成这种差距的因素可分为两层：第一层因素有3个，从右到左依次是个人因素、组织内部因素（工作环境）、组织外部因素；第二层因素则是对第一层各个因素进行展开。这个模型既在逻辑上符合MECE（mutually exclusive and collectively exhaustive，相互独立和全部穷尽）原则，又在实践中得到了验证，它是用于解释绩效差距的非常实用的分析工具。

如果下属在分析绩效差距的因素时不知所以，那么管理者就可以运用这个工具给出适当的建议。为了各位读者更正确地使用这个工具，下面我们对几个问题予以说明。

我们来看模型的第一层因素：一是个人因素；二是组织内部因素；三是组织外部因素。这里提出一个需要大家思考的问题：在一般情况下，3个因素中的哪一个因素对绩效的影响最大？

大家可能会给出不同的意见。通常来说，很多读者会认为对绩效影响最大的因素是个人因素。其实这也符合我们平时观察到的现象，很多公司对绩效欠佳的员工采取的措施就是送他去培训。这种做法背后的逻辑其实就是把绩效问题的原因归结为员工自身的问题（比如知识技能欠缺）。那么我们可以思考一下，这种培训的结果是否有效呢？很多读者会觉得无效。那无效的原因是课程一般、老师不好吗？当然不是，是我们把因素找错了。研究表明，员工个人因素是在绩效差距案例中占比最小的因素。那么，最大的因素究竟是哪个呢？答案既非个人因素，也非组织内部因素，而是组织外部因素。其实这也很好理解，比如我们经常会听到一句话——“如果站在风口，猪也会飞”。风口就是指外部因素特别有利，那么即使是猪（个人因素差），也能高高飞起（业绩很好）；反之，如果风过了（外部有利因素消失），那么即使是龙（个人因素强），也会掉下来（业绩变差）。

弄清了组织外部因素的相对重要性，下一个问题就是外部因素是可影响因素吗？先别着急回答。既然模型把外部因素包括其中，这就说明外部环境因素也是可影响因素。比如政府管制这个因素，有一次我们在某著名互联网公司授课，听课的同学自己就举例说明了。他说自己公司有一个政府公共事务部，这一部门的员工大多招聘自相关的政府部门。由于熟知政府运作，这个部门主要负责对政府相关产业或者公共事务政策进行研究，并制定相应的对策，比如可以通过政府公关促进有利政策的出台或者延滞不利政策的实施。

相对困难一点的是宏观经济因素的可影响性。别说一个岗位，就是整个企业也很难直接改变宏观经济的走向。但要记住影响不等于改变。比如很多企业都会有一个部门或者至少有一项专门的职能与研究宏观经济形势有关，这就是位于管理五大职能之首的制定战略。什么是制定战略？简单来说就是对宏观经济进行预测，通过调整经营方向和策略来应对未来的趋势，这也是一种影响的方式。

最后需要思考的一个问题就是：如果你辅导的是中层和基层员工，那么在很多情况下，外部因素对他们的工作内容的影响是大还是小，是直接的还是间接的？答案是：影响小，而且是间接的。所以，在对中层和基层员工进行绩效辅导时，可以忽略外部因素，主要集中在组织内部因素和员工个人因素两大因素上。

如果只考虑组织内部因素和员工个人因素，那么影响最大的因素就是组织内部因素（大约75%），其次是员工个人因素（大约25%）。所以，改进员工的绩效首先要从组织内部因素寻找原因和机会，而不是责怪员工。

在很多情况下，员工之所以没有达到预定的绩效目标，并不是员工能力欠缺，也不是员工意愿有问题，而是他根本不知道公司或者上司对他工作的期望是什么。双方缺乏对期望目标一致的、清晰的共识，这就是组织内部因素中的第一项因素。有些读者可能不理解，说这怎么可能？公司一般都有考核指标，都有KPI（关键绩效指标），怎么可能出现目标不清的情况？我要说的是，这里的期望除了公司制定的一些核心的考核指标外，还包括公司对员工许多细节和模糊不清的要求。我经常遇到有管理者抱怨自己的下属执行力差，但我问他们是如何定义执行力的时候，我发现他们对执行力也只有一个模糊的概念。

组织内部因素中的第2项子因素“教练和强化”也很重要。有句话说，“员工因为公司而加入，因为主管而离开”，这句话是什么意思？公司在招聘时吸引应聘者的大多是公司的薪酬待遇、知名度、办公地点的便利性这些公司因素。但员工离职主要是什么因素造成的呢？虽然造成员工离职的影响因素很多，但最常见的因素可以引用马云曾经说过的一句话：“员工离职一般就两个原因，第一钱没拿够，第二心里委屈。”钱没拿够是激励因素，心里委屈是因为谁呢？大多是直接主管。也就是说，很多员工之所以业绩不行大多是因为直接主管不是一个合格的教练型管理者，缺乏对下属有效的教练和辅导。

秘籍二：吉尔伯特行为工程模型

20世纪60年代，经过科学管理主义浪潮洗礼的欧美国家兴起了绩效改进技术，出现了很多致力于对绩效问题进行系统分析的理论和模型。其中比较有影响力的就是托马斯·吉尔伯特（Thomas F. Gilbert）和他的行为工程模型，如图8–4所示。

在这个模型中，吉尔伯特把影响绩效的因素分为组织因素和个体因素两个部分。其中组织因素的影响是主要的，组织因素包含3个二级因素；个体因素的影响是次要的，个体因素也包含3个二级因素。

如果大家想要熟练运用这个模型对自己所在组织的绩效问题进行分析和改进，那么我建议大家学习绩能教练®的版权课程“绩能教练®之绩效教练©”。

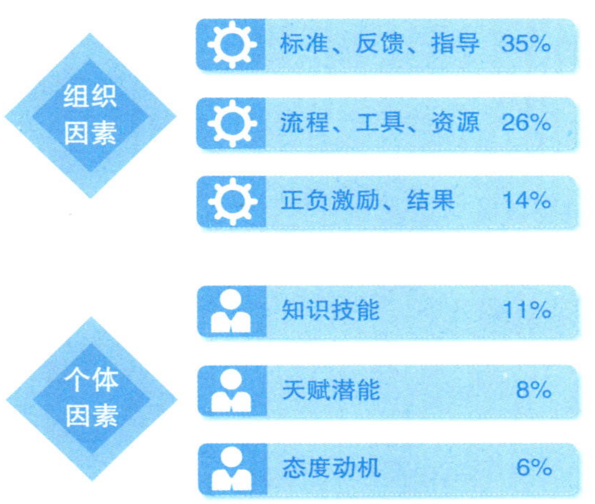

图 8-4　行为工程模型

上述两个模型都把影响绩效的因素列举到了一级和二级因素。那么是否还可以对二级因素继续细分呢？当然可以。这就需要大家结合具体的实际问题进行分解，问题不同，大家得到的更加细化的因素就会不同。不过，二级因素中有一个因素，我们在对它进行下一步分解时仍然可以运用现成的分析框架，那就是“激励因素”。

秘籍三：双因素理论

激励因素历来就是管理理论中最重要的研究领域之一。激励理论和与之相关的模型就是用来研究人的动机、行为和成果之间的关系的。管理学中有很多著名的激励理论都对这一领域做出了不同角度的卓有成效的研究，比如期望理论、马斯洛的需求层次理论等等。本书就不一一列举了，有兴趣的读者可以自行查阅有关信息。本书结合企业绩效教练实践，为读者推荐一种简单、实用的激励模型，即弗雷德里克·赫茨伯格（Frederick Herzberg）提出的双因素理论模型，如图 8-5 所示。

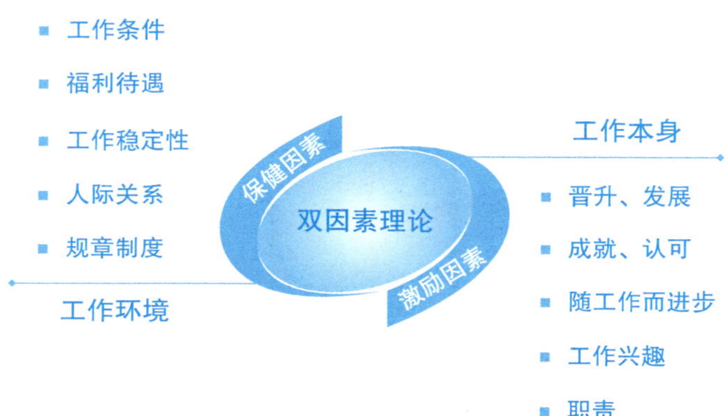

图8-5 双因素理论模型

双因素理论模型并不是说影响绩效的因素只有两个，而是把各自激励因素的特性分为两类，即保健因素和激励因素。

保健因素的特点是如果这些因素的满足程度差，那么员工就会出现抱怨、士气低落等不满意的情况。随着保健因素的改善，员工的不满意程度就会降低甚至消失，但员工不会转向积极的满意状态。如果要激发员工，则必须转向第二类因素——激励因素。如果激励因素的满足程度比较高，那么员工通常就会呈现积极的高满意度状态。随着激励因素的下降，员工满意度也会呈下降趋势，但只要保健因素维持在合理的水平，即使激励因素很差，员工也不会出现不满意状态。

影响员工不满意状态的是保健因素，随着保健因素的改善，员工从“不满意”状态逐步转变为“没有不满意”（注意不是“满意”）状态。影响员工满意状态的是激励因素，随着激励因素的下降，员工会从“满意”状态逐步转变为“没有满意”（注意不是“不满意”）状态。

需要注意的是，保健因素大多与工作环境有关，管理者难以施加影响；而激励因素大多与工作本身相关，管理者施加影响相对容易。所以，管理需要更多地从激励因素入手。

秘籍四：盖洛普的Q12调查问卷

盖洛普是众所周知的著名调查公司，其调查和预测技术的准确性在社会和政治领域的应用中被世人津津乐道。同样，盖洛普将其所擅长的调查分析技术应用于商业领域的著名实例，就是闻名世界的Q12调查问卷（Gallup's Q12 survey）。

盖洛普对12个不同行业、24家公司的2 500多个经营部门进行了数据收集，然后对其中105 000名员工的态度进行分析，发现有12个关键指标最能反映组织在生产率（productivity）、利润水平（profitability）、员工保留率（employee retention）这几个方面的实际表现。这12个指标可以说是预测组织在最重要的商业成果方面的晴雨表。

- 我知道对我的工作要求。
- 我有做好我工作所需要的资源和支持。
- 在工作中我每天都有机会做我最擅长做的事。
- 在过去的7天里我因工作出色而受到表扬。
- 我觉得我的同事和主管关心我的个人情况。
- 工作单位有人鼓励我。
- 在工作中我觉得我的意见受到了重视。
- 公司的使命（目标）使我觉得我的工作重要。
- 我的同事们致力于高质量的工作。
- 我在工作场所有一个最好的朋友。
- 在过去的3个月内，工作单位有人和我谈及我的进步。

■ 在过去的半年里，我有机会学习和成长。

如果你的员工能在Q12调查问卷中普遍得到较高的分数，那么这就预示着你的组织会有不错的商业表现。目前，很多企业都把Q12调查问卷作为对自己员工敬业度和组织环境健康程度测评的指标，因此Q12调查问卷又被称为“盖洛普敬业度调查”。

当遇到有关员工敬业度或者保留率的问题时，我们可以用影响员工敬业度的12个因素进行分析。经过对比，我们不难发现这12个因素与前面的绩效分析模型或行为工程模型在逻辑上是一致的。

GROW对话流程案例

以下案例节选自某德国制造业企业的真实的教练实践，我们对其进行了适当的改编。

上司：迈克尔，找我有什么事情呢？

下属：上次班组长找我谈话，说我作业效率太低。

上司：听起来，你想提升你的作业效率，是吗？

下属：是的。

上司：你说的作业效率具体是指什么呢？

下属：我想是指生产操作更加熟练和快速吧。

上司：这样吧，如果用1 ~ 10分表示你生产操作的熟练度和快速度，10分是最理想状态，你希望达到几分？

下属：8分吧。

上司：如果达到了8分，你会看到什么？

下属：达到了8分，我就能像我师父一样100%完成每天的生产任务了。

上司：你觉得你可以影响这个目标吗？

下属：当然可以呀。

上司：那实现这个目标有什么样的价值呢？

下属：这样班组长就不会再说我效率低了，甚至还会夸我。当然，最高兴的应该是我和师父，这说明我是一名技术能手了，我也没有辜负师父对我的培养。

上司：很好，你希望通过多少时间做到能像你师父那样100%地完成生产任务呢？

下属：五六个月吧。

上司：具体5个月还是6个月？

下属：5个月吧。

上司：听起来，你是希望在5月31日前能像你师父那样每天都能100%地完成生产任务，是吗？

下属：是的。

上司：非常好，看来你对你的目标非常清晰呦。那你现在的作业效率能完成多少呢？

下属：平均只有50%吧。

上司：也就是与目标相比还有50%的差距，是吗？

下属：是的。

上司：那么你觉得造成这个差距的主要因素有哪些呢？

下属：对产品不太熟悉吧。

上司：哦，对产品的熟悉度，还有呢？

下属：有时不太能看懂图纸。

上司：哦，是不能看懂图纸，还有呢？

下属：好像没有了。

上司：那你觉得你师父能够100%地完成生产任务的最重要的因素是什么呢？

下属：对操作流程的熟练度。他闭着眼睛也能完成相应操作。

上司：那么什么会影响对产品的熟悉度呢？

下属：有没有做过类似的产品，有没有对产品进行过专业的培训，都会影响对产品的熟练度。关键是我们公司的产品太多……

上司：噢，原来是这样。除了这些，还有呢？

下属：最主要还是这两种吧。

上司：很好，那你觉得能否看懂图纸受什么影响呢？

下属：知识面不够，图纸太复杂。

上司：嗯，还有呢？

下属：师父由于太忙，没有时间对我进行辅导。

上司：那如果以上这些因素你都具备了，你觉得你能按期完成生产任务吗？

下属：我想应该没有问题。

上司：那么针对以上的各个要素，接下来你能做些什么呢？

下属：嗯……对于产品的熟悉度和流程的熟练度问题，我觉得我要多主动学习，多学、多看、多练、多做！

上司：那怎么做到多学、多看、多练、多做呢？

下属：我一有空就去现场看别人是怎样操作的。如果线长需要其他人手，那么我就第一个报名去多干一些，这也是熟练和强化的过程。噢，对了，这样我对流程的把握也会变得熟练起来，我觉得只有不断地练习才能进步。

上司：我非常欣赏你的做法。刚刚你说影响效率的因素包括看不懂图纸，而看不懂图纸是由知识面以及辅导因素造成的，那么对于这些因素你打算怎么做呢？

下属：我觉得我现在能做的是一旦在自己装配过程中发现问题，我首先会向我的师父咨询。如果师父不在，我就直接问线长。

上司：假设师父和线长都告诉你该如何操作了，你需要做什么才能保证类似问题以后可以举一反三呢？

下属：我要记录下来，自己总结一下操作原理，这样有助于举一反三。

上司：非常不错，请你总结一下刚才你说的几个方法。

下属：首先，自己找机会去现场多练；其次，遇到图纸有不懂的，第一时间咨询师父、线长；最后，随时把疑难问题和操作要点记录下来进行总结和回顾。

上司：看来你对如何提升作业效率这件事情自我解析得非常透彻，也有了具体可行的行动方案。我相信通过你的努力你会快速成长，一定会做到100%地完成生产任务，并成为技术能手。对了，如果目标实现了，你会如何奖励一下自己呢？

下属：我会邀请师父和他的家人到我家参加我准备的家宴，借此机会感谢师父一家人对我的关心和支持。

上司：我发现你非常有心哟，如果我是你师父，我一定会很欣慰的。在实现目标的过程中，不管你遇到什么问题，我都欢迎你像今天这样过来找我。

下属：太好了，有您的支持我更加有信心了。我一定会努力，争取尽快转正。谢谢领导！

GROW对话流程各步骤教练话术参考

步骤一：厘清目标

协助教练对象厘清问题背后的目标，确保有一个正向的、符合SMART原则的目标。

发出邀请

如果是教练对象主动发起的对话，那么教练可以首先对谈话表示欢迎，并用开放式问题让对方有机会阐述自己的意图和想法。

- 今天想聊点什么?
- 最近有什么困惑呢?
- 有什么需要我帮助的呢?

如果是教练发起的对话，那么对话一般是来自教练观察到的一个问题，或者是自上次谈话后，对后续行动情况的持续跟进。此时，教练一般会用建设性反馈的方式开场。

- 我看到……，这会引起……，我们来谈谈这个问题好吗?
- 上次对话结束后，我了解到的进展是……，咱们来看看接下来的对策，你看行吗?

明确需求

在发出邀请后，教练需要运用ART倾听法让对方轻松自如地表述问题，听出对方语言背后的事实、感受和需求，并对核心诉求进行求证。

- 听起来，你是希望……，是吗？
- 听起来，你是想……，对吗？
- 听起来，你的目标是……，是吗？

梳理目标

在与对方求证问题背后的初步需求后，教练可以运用SMART目标提问框架帮助教练对象对目标的各个方面进行梳理，以便确立一个SMART目标。

具体

目标必须是具体、清晰的目标。

- 你说的……具体是指什么？
- 你说的……具体是指哪个人？
- 你说的……具体是指哪件事？
- 你说的……具体是指哪方面？

可衡量

如果是可以量化的定量目标，那么我们可以让对方提供数据。

- 你希望的目标是多少？
- 你希望提升多少？

如果是难以量化的定性目标，那么我们可以使用度量式问题，逐步让对方描述目标达成后的可观察到的行为表现或结果。

- 如果用1 ~ 10分来衡量……，10分是最理想状态，你希望达到多少分？
- 如果达到了……分，你会看到什么，听到什么？

可达成

为了确保目标在影响圈之内，教练可以让对方思考这个目标是否是可影响目标。

- 你可以影响这个目标吗？
- 通过自己的努力，你可以达成这个目标吗？

如果对方回答不可以，那么说明对方判断出这个目标仅仅是其关注的对象，确实无法影响目标。此时，教练可以让对方重新思考一个相关的可以影响的目标。

- 你可以影响的目标有可能是什么？
- 那你能达成多少呢？

如果教练对象重新设立了目标，那么双方可以重回流程的第一步。

或者，如果教练觉得教练对象对目标其实是具备一定的影响能力的，那么教练也可以尝试与对方继续探讨下去。

- 那你愿意一起尝试探讨一下吗？

相关

目标必须与组织目标有关才能确保战略一致性。目标必须与自身的使命价值有关，才能让对方有实现目标的意义和动力。教练可以让对方自行思考这些方面的问题。

- 实现这个目标与公司整体战略目标有什么关联呢？
- 实现这个目标对部门有什么价值（意义）呢？
- 对你本人又有什么价值？还有呢？

有时限

可实现的目标必须有明确的时限标准，教练双方应该就目标实现的期限达成一致。

- 你希望何时达成目标？
- 具体是哪天？

目标确认

在完成目标的梳理后，教练可以用概括性的语言对目标重新表述，或者让教练对象重新表述，以求证双方对于目标理解的一致性。

- 听起来，你是希望在……时间，让……达到……，是吗？

目标相关问题补充：根据需要，读者还可以在实际对话中参考以下问题。

- 你想要实现的目标是什么？
- 你真正想要的是什么？
- 如果你没有实现目标，那么这会给你带来什么损失？
- 如何衡量这个目标？
- 出现什么情况你就知道这个目标已经实现了？
- 目标实现的标准是什么？

步骤二：分析现状

与目标对比得出差距，并以此分析造成差距的各个要素或者原因。

了解现状

了解现状的直接目的就是界定差距，因此对于了解现状的提问需要与目标结合起来，比如定量目标，我们可以直接问对方有关现状的数据。

- 具体的数据是多少？
- 目前的情况是怎样的？

对于定性目标，我们可以继续使用度量式问题，让对方对现状进行行为化描述。

- 如果用1 ~ 10分表示……，现在是几分？
- 这个分数所代表的具体表现是什么？

当然也可以让教练对象回顾一下过去为解决这一问题做过的尝试，一来让对方自我觉察是否真正付出过行动，二来为后续探索原因提供一些经验。

- 为了改善这些现状，过去做过哪些尝试？结果如何？

界定差距

根据“问题=目标－现状”，双方可以判断一下问题的本质，即“差距”是否已经清晰。如果需要进一步补充，那么教练还可以直接让对方思考有关差距的问题。

- 现状与目标的差距具体是什么？
- 差距的数据是多少？

分析要素

有了清晰的差距，教练就可以让教练对象分析造成差距的要素了。

- 造成差距的主要因素有哪些呢？
- 除了这些因素还有哪些因素呢？（还有呢？）
- 从……角度来看，你觉得还有什么关键因素？
- 关于……因素，具体可以细分为哪些方面？

评估要素

在找到的多个因素里，要让对方识别哪些是可以影响的因素，并为探索方案提供方向。

- 在以上因素中，哪些是可以影响的因素？

- 以上因素都具备的话，是否可以实现目标？
- C+T 教练模式

必要时，教练可以酌情提供适当的建议，即采用C+T教练模式。在提供建议时，教练可以运用本书在GROW对话秘籍中提供的因素分析工具，这里不再赘述。

现状相关问题补充：读者根据需要还可以在实际对话中参考以下问题。

- 如何确定目前存在这个问题？
- 弥补差距的根本原因是什么？
- 问题背后的真正原因是什么？
- 与……（标杆）比，你觉得造成差距的因素有哪些？
- 你有哪些资源？
- 你有哪些优势？

步骤三：探索方案

针对关键要素提出有针对性的策略，并据此制订具体的行动计划。

直接探索

直接启发教练对象从各个要素出发，探索解决问题的方法。

- 针对各个要素，你会如何行动呢？还有呢？
- 具体你会做什么？
- 你打算什么时候做？

启发引导

有时，教练对象在思考行动方案时往往与之前的分析因素没有产生逻辑上的关联，此时教练就可以有意识地重新回顾各个因素，或者通过新的角度对教练对象进行启发。

- 前面你曾提到……，关于这一点，你会怎么行动呢？
- 假如你是……，你会怎么看呢？

评估方案

评估方案主要是教练让对方思考方案的完整性和可行性方面的问题。

- 做到以上几点，是否可以实现目标？
- 那么还需要做些什么？
- 最可行、最有效、最经济的方案是什么？
- 风险最小、成本最低的方案是哪个？
- C+T 教练模式

有时候方案的完整性取决于要素的完整性，可能需要回到分析要素的步骤对要素再次进行挖掘和补充。

付诸行动

将初步的方案策略具体化，形成可执行的行动计划。

- 在今天交流结束后，你的第一步行动是什么？
- 何时开始行动？在哪儿开始？

探索方案相关问题补充：读者根据需要还可以在实际对话中参考以下提问。

- 你需要投入哪些资源？
- 你会如何争取更多的资源？
- 你会如何利用资源？
- 你首先能做的是什么？
- 如果行动后的结果与预期有偏差，那么你有哪些措施？
- 你对目标的实现有多大的把握？

步骤四：强化意愿

对对话过程进行梳理总结，强化对方行动的意愿。

总结复盘

让教练对象对谈话的过程和要点进行自我总结。

- 请你总结一下今天谈话的内容。
- 通过刚才的交流，你有哪些收获？

设定奖惩

让教练对象自己设定奖惩措施，以强化行动的意愿。

- 假如目标实现，你会如何庆祝成功呢？
- 如果目标实现，你会如何奖励自己呢？
- 万一目标未实现，你会如何让自己有一次刻骨铭心的记忆呢？

支持肯定

对教练对象在对话中的表现进行积极性反馈，有助于强化对方在下次对话中的表现和行动的动力。

- 用AAA的方式对教练对象进行积极性反馈。

在谈话结束时，立即约定下次对话的时间和地点。

- 下周同一时间我们再跟进一下进展情况如何？
- 下次谈话具体什么时间比较方便？地点呢？

强化意愿相关问题补充：读者根据需要还可以在实际对话中参考以下问题。

- 你对刚才的对话有哪些感受？
- 你印象中最深的是哪一点？
- 对你帮助最大的有哪些？
- 有什么措施能确保这些措施得到落实？
- 有哪些里程碑事件？

GROW对话流程常见话术总结

GROW对话流程常见话术如表8-1所示。

表8-1 常见话术总结

<table>
<tr><th>步骤</th><th>话 术</th></tr>
<tr><td>厘清目标</td><td>■ 今天想聊点什么？
■ 我看到……，这会引起……，我们来谈谈这个问题，好吗？
■ 听起来，你是希望……，是吗？
■ 具体：你说的……具体是指什么？
■ 可衡量：
你希望达到的目标是多少？（定量目标）
如果用1～10分来衡量……，10分是最理想状态，你希望达到多少分？
如果达到了……分，你会看到什么？
■ 可达成：
你可以影响这个目标吗？
那你愿意一起尝试探讨一下吗？
你可以影响的目标是什么？
■ 相关：
实现目标对公司、部门、你本人的价值是什么？
■ 有时限：
你希望何时达成目标？
具体是哪天？
■ 听起来，你是希望在……时间，让……达到……，是吗？</td></tr>
<tr><td>分析现状</td><td>■ 目前的情况是怎样的？具体的数据是多少？（定量）
■ 如果用1～10分表示……，现在是几分？具体什么表现？（定性）
■ 现状与目标的差距是多少？
■ 弥补差距的主要因素有哪些呢？
■ 除了这些因素还有哪些因素呢？（还有呢？）
■ 以上因素都具备的话，是否可以实现目标？
■ C+T教练模式</td></tr>
</table>

续表

步骤	话　术
探索方案	■ 针对各个因素，你会如何行动呢？还有呢？ ■ 前面你曾提到……因素，关于这一点，你会怎么行动呢？ ■ 具体你会做什么？会在何时、何地付诸实践？ ■ 最可行、最有效、最经济的方案是什么？ ■ 做到以上几点，是否可以实现目标？ ■ C+T 教练模式 ■ 在今天交流结束后，你的第一步行动是什么？
强化意愿	■ 总结复盘： 请总结一下，今天谈话的内容、收获有哪些？ ■ 设定奖惩： 如果目标实现，那么你会如何奖励自己呢？ 万一目标未实现，你会如何让自己有一次刻骨铭心的记忆呢？ ■ 支持肯定： 对教练对象给予积极性反馈 约定下次对话的时间和地点

GROW 对话流程练习

三人小组练习

下面为读者朋友介绍一种在 GROW 对话流程练习中，常常采用的三人小组练习法，如图 8-6 所示。

角色分配

三人小组练习中的角色依次是教练对象、教练、观察员。

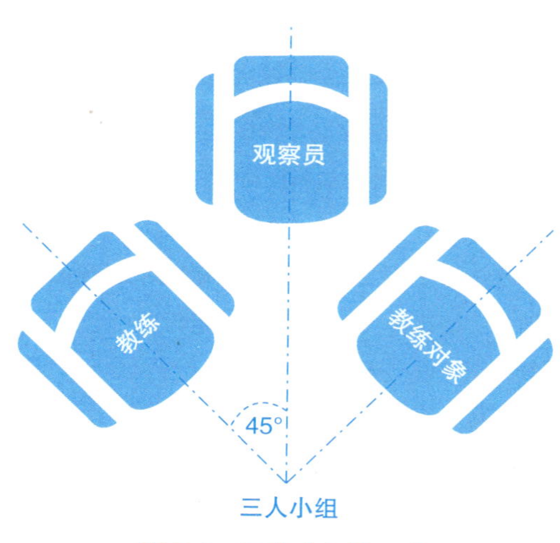

图8-6　三人小组练习法

座位摆放

3个人的座位呈“品”字形排列；教练对象和教练在前，两人之间呈90度角，便于交流；观察员在两人身后，以不干扰教练与教练对象的谈话为前提。

任务安排

教练对象的任务是准备一个需要辅导的问题，这个问题需要满足3个条件。

- 必须是自己遇到的真实问题。
- 必须是自己可以施加影响的问题。
- 问题的难度不宜太大。

教练的任务就是通过教练对话帮助对方解决问题，并将对话过程的关键要点记录在“GROW对话教练员记录表”上，如表8-2所示。

表 8-2　GROW 对话教练员记录表

步骤	要点记录
厘清目标	
分析现状	
探索方案	
强化意愿	

观察员的任务是对整个对话过程特别是教练对于教练技术的运用进行观察。观察员的本质其实是教练的教练，因此观察员在观察过程中也需要进行记录，记录的内容请大家参考“GROW对话观察员记录表”，如表8–3所示。

表8–3　GROW对话观察员记录表

项目	行为要点	评分（1 ~ 10分）	反馈记录
教练流程	能从问题描述中区分出需求并与教练对象进行求证		
	对话围绕一个正向的、符合SMART标准的目标进行		
	能让教练对象结合对目标与现状的了解得出清晰的差距		
	能让教练对象分析造成差距的可影响因素		
	教练对象能针对关键因素找出可执行的行动方案		

续表

项目	行为要点	评分（1 ~ 10分）	反馈记录
教练流程	谈话结尾部分能使教练对象对行动意愿进行强化		
深度倾听	对话过程中允许偶尔出现打断、评判、建议等行为		
	对话中适时点头、自然微笑、目光关注、肢体同步、记录摘要		
	对话中能对对方话语中的关键词进行回放		
	能用求证的方式对语言背后的事实、感受和需求进行求证		
有力提问	以未来导向型提问为主，而非过去导向型提问，让教练对象探索更多的可能性		

续表

项目	行为要点	评分（1～10分）	反馈记录
有力提问	以开放式提问为主，而非封闭式提问，扩展教练对象思维的广度和深度		
	以积极型提问为主，而非消极型提问，激发教练对象积极的情绪状态		
有效反馈	及时对教练对象的表现给出积极性反馈		
	必要时给出客观的建设性反馈		
教练原则	全程体现相信、赋能、期望的教练原则		

在对话结束后，要用教练对话的方式对教练在对话中的实际表现进行复盘与反馈。复盘与反馈大致可以分为3个步骤。

首先，观察员可以用以下问题引导教练对象对教练刚才的对话给出一些反馈。

- 在刚才的对话过程中，你最深的感受是什么？
- 在刚才的教练对话中，教练对你帮助最大的一点是什么？
- 如果要给你的教练提一个建议，那么这个建议是什么？

然后，观察员可以用以下问题引导教练对刚才的对话给出反馈。

- 在刚才的对话过程中，你最深的感受是什么？
- 在刚才的教练对话中，你对自己最满意的一点是什么？
- 如果要给自己提出一个建议，那么这个建议是什么？

最后，观察员用积极性反馈和建设性反馈对教练的表现进行反馈，以协助其提高教练水平。

练习时间

运用GROW模型进行的复杂式教练对话一般需要30 ~ 45分钟。考虑到练习的关系，特别是在时间有限的条件下，可以给定至少20分钟的对话时间。将20分钟平均分配给GROW对话流程的每个阶段，显然不是最合理的计划。那么，你认为在GROW对话流程里哪些步骤需要的时间会相对于其他步骤要更多些？很多人可能会说应该是探索方案这一步。在现实情况中，我们的确都把大量的时间用在了讨论方案上。但这是否正确呢？还记得爱因斯坦的名言吗？“如果给我1个小时的时间拯救世界，那么我会用55分钟定义问题，并且用5分钟发现解决方案。”爱因斯坦居然认为发现解决方案——GROW对话流程中的“O”只需要很少的时间，而更多的时间应该被用在定义问题上。什么是定义问题？还记得“问题=目标－现状”的公式吗？所谓定义问题就是定义目标与现状的差距，这对应GROW对话流程中的“G”和“R”这两步。所以，可以把时间更多地分配在流程的前两步。

轮流练习

在每一轮（大约20分钟）GROW对话结束后，观察员组织复盘与反馈（大约5分钟）。3个人依次轮换角色进行下一轮25分钟的练习。注意，轮换角色时必须让每个人都改变角色，否则就会出现一人重复担任同一角色的问题。因此，要做到在75分钟（25分钟 ×3）的时间里，3个人中的每个人都能分别练习一次教练对象、教练和观察员的角色。

两人小组练习

在实践中，如果我们组织三人小组练习有困难，那么我们也可以用两人小组练习的方式。两人小组练习座位摆放请参考图8-7。此时，教练对象需要在对话结束后承担部分观察员的角色，对教练在对话中的表现给出反馈。具体练习的方法可以参考三人小组练习法，这里不再赘述。

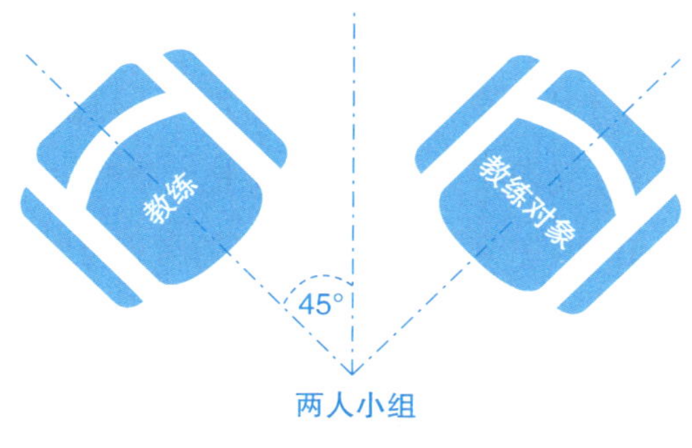

图8-7 两人小组练习法

第 4 篇　教练实践

实践应用，成为优秀的教练型管理者

管理是一种实践，其本质不在于知道而在于执行，其验证不在于逻辑而在于成果，其唯一权威就是成就。

——彼得·德鲁克

我们在前面提到用绩能教练®方向之轮代表本书的内容结构。这里我们可以用一棵绩能教练®之树（见图Ⅳ-1）代表本书全部内容体系与环境之间的关系。

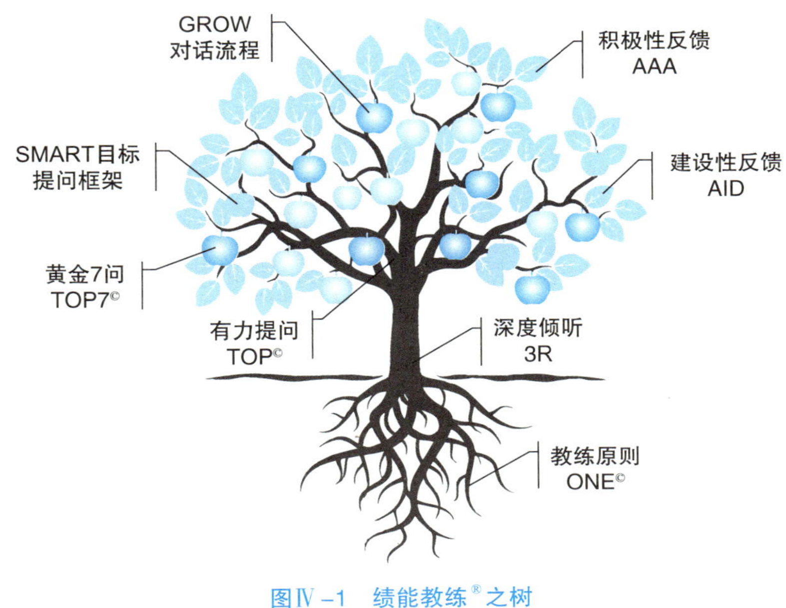

图Ⅳ-1　绩能教练®之树

树根

树根代表教练原则。因为原则就像树根一样，虽然在地面下不容易被看到，但它是树的根本。没有体现教练原则的对话就像无根之树。

树干

树干代表深度倾听。因为对话的前提就是需要对方能敞开心扉，这就是深度倾听的技术。倾听就像树干一样，是支撑整个教练对话的基础，影响着关系的建立。

树枝

树枝代表有力提问。树枝的形状就像大脑的神经元结构，代表思维的扩散。有力提问是激发思考、拓展思维的技术。

树叶

树叶代表有效反馈。有效反馈包括积极性反馈和建设性反馈。有效反馈是让人付诸行动、强化意愿的技术。

果实

果实代表可以食用的成果，代表基于3项技术基础上的对话工具、流程。本书着重介绍了最常用的3种对话工具：TOP7©、SMART目标提问框架和GROW对话流程。

环境

一棵树要持续健康成长离不开良好的环境，包括土壤、水分、阳光、空气等。这些代表企业内部的教练文化和管理系统。

如果你能够耐心地阅读到这里并完成了所有的练习，那么你已经初步掌握了教练对话的原则、技术和流程。然而，这只相当于我们从一开始的“心中无剑，手中无剑”的混沌状态到了“心中无剑，手中有剑”的起步状态。我们要想在实践中真正掌握教练技术，达到“心中有剑，手中有剑”的熟练状态，则需要进行大量的刻意练习。本篇第9章的内容将着重介绍刻意练习的方法和注意事项。

我们知道企业并不是教育机构和学校，企业组织员工学习是为企业的终极目的服务的，那就是提升业绩、创造利润。这也是我们绩能教练®的宗旨和使命：致力于企业教练技术的研发、实践以及传播，实现组织业绩增长；让天下的管理者都成为教练型管理者。所以，我们不能为了学习而学习，也不能为了练习而练习。

为了能让读者学有所用，也为了能让管理者看到运用教练技术后的价值和效果，从而能够更加自觉地在实际管理工作中自然而非刻意地应用所学的内容，本篇第10章会重点介绍一些标杆企业在管理实践中运用教练技术的实例，以供读者借鉴参考。

第9章　教练技术的练习巩固

所谓道可顿悟，事须渐修。“道”是道理、原理，“顿”是立刻、马上的意思，也就是说，理解知识和道理的过程很快。“事”是本事、行为习惯的意思，“渐”代表的是时间，“修”代表的是实践，也就是说，真正转变为本事需要更多的时间来实践。

很多人认为知识等于能力。那么，知识真的等于能力吗？答案是不等于。知识是理论上知道该如何做好这件事情的道理，能力是可以做好这件事情、拿到成果的行为。知识的掌握充其量代表了你具备了相关领域的认知，并不代表你拥有做好这件事情的能力。

相信读者通过本书的分析、解读和实例可以达到“道可顿悟”。但是，知识很难直接转化为能力，因为它是“渐修”的过程。那么，到底需要多长时间才能达到“心中有剑，手中有剑”的状态呢？

25天教练能力提升法

绩能教练®结合国内外各个企业教练的实践经验，提出经过验证的、人人都可以做到的25天（5天 ×5周）教练实践计划，如图9-1所示。

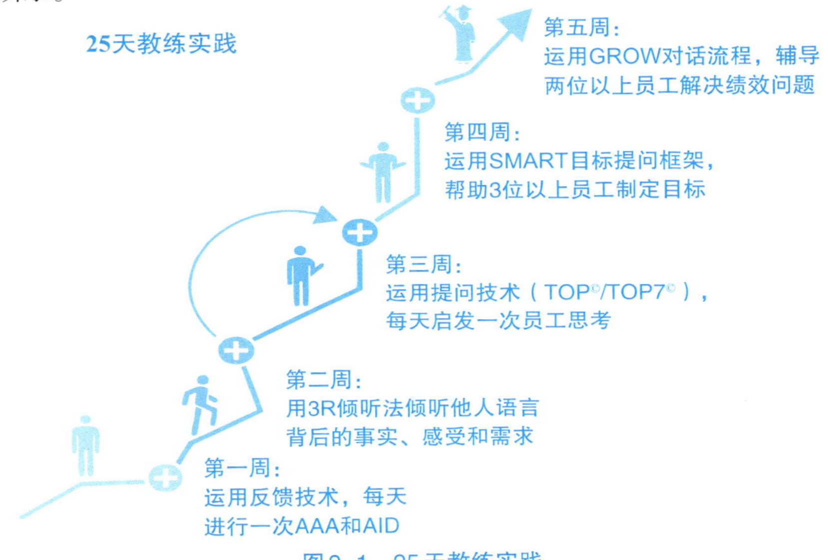

图 9-1　25 天教练实践

每次练习时，读者都需要把练习的过程、要点和总结及时记录和整理，这样有助于总结复盘。本书附录1提供了25天教练实践所需要的全部表格样本，仅供参考。

27天打造教练型管理者秘籍

当然，除了阅读本书和25天教练实践的学习方式外，读者也可以参加绩能教练®的课程“绩能教练®之成为教练型管理者©”，这门课程是绩能教练®核心版权课程之一。课程的结构、内容与本书完全对应，课程的标准时常是2天。因此，我们称“课堂学习2天+25天课后教练实践”为“27天打造教练型管理者秘籍”。

参加课程学习的优势在于，所有知识点的学习和练习将在专业导师（教练）的带领和辅导下进行，直到学员真正精准掌握。比如，GROW对话练习在课堂上至少需要进行5次强化，学员不想学会都难。学员在现场能够直接得到老师的及时反馈、纠正和总结，这样的学习效果是不容忽视的。

在两天课程学习结束后，你就开始了25天的教练实践，仍然是在专业导师（教练）的陪伴、辅导下进行，从而使你掌握到的知识真正转化为相应的技能。

这也是绩能教练®提供的微学习项目服务——有效结合线下和线上模式两天的课程集中学习和线上五周的集中辅导，可以使学员在最短时间内成为优秀的教练型管理者。

优先教练谁

当然，教练对象最好是自己的直接下属。从25天教练实践计划来看，每种技能的练习次数应该都不止一次。如果你的直接下属有多名，那么首先找谁作为教练对象比较好呢?

为了有针对性地选择教练对象，我们可以把下属进行分类。这种分类方法是把下属根据业绩成果和胜任能力两个维度分成4种类型。业绩成果指的是根据下属实际的业绩成果把其大致分为业绩好的和业绩差的。胜任能力包括能力和努力程度，相当于从过程角度把下属大致分为胜任力强的和胜任力弱的。这样我们就得到了图9–2中的4种类型。

第2种和第4种情况容易理解，第2种情况对应着胜任力强、业绩也好，第4种情况对应胜任力弱、业绩也不行。第1种情况是胜任力弱，但业绩却挺好，比如这个人可能运气挺好或者采取了一些不怎么光明的手段暂时有好的业绩。第3种情况是胜任力强，但业绩不好，比如这个人可能运气差些或者业绩需要一段时间才能体现出来。

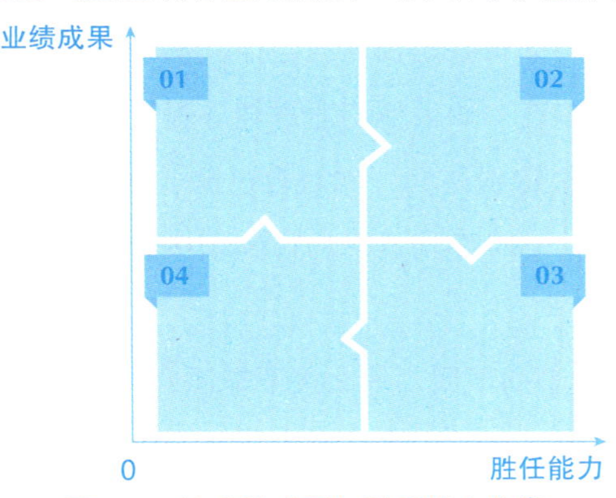

图 9-2 按业绩成果与胜任能力分类

假如你有上述4种类型的下属，那么你会首选哪种类型的下属作为练习对象？这4种类型的下属都被选到过。那么，究竟哪一类员工最适合作为第一个练习对象呢？

让我们从第1种类型的下属开始分析。选第1种类型的下属作为练习对象的读者大多是因为这种类型的人胜任力弱，因此正需要教练辅导。乍一看似乎有道理，但请大家思考一下这种类型的下属胜任力弱是下属自己对自己的评价还是我们对下属的评价？当然是我们对下属的评价。因为在业绩好的情况下一般人都不会认为自己胜任力不行，反之自我感觉会很好，因此下属不认为自己需要教练辅导。我们知道业绩具有偶然性。如果你贸然找这类下属进行辅导，导致辅导后业绩下滑了，这时候下属就会说这是由不靠谱的教练造成的，那么你也会因此产生自我怀疑，甚至会质疑教练技术的有效性。你的教练尝试刚刚起步就会遭受重大打击，所以第1种类型的下属其实是最有风险的教练对象。

理解了第1种类型教练对象的特点，读者应该就能得出结论：最适合优先作为教练对象的应该是与第1种类型相反的下属——第3种类型的下属。原因是这类下属胜任力强（我们对他们的评价），但其业绩不行。因此，这类下属会比较焦虑，他们渴望得到帮助，对你提供的教练辅导持欢迎态度。如果他们通过辅导提升了的业绩，那么他们就会对你和这套方法特别认同，你对自己和方法的信心也会大大提升。要知道新技能在初学时看到效果和得到积极性反馈对于增强学习动力是特别重要的。

除了第3种类型的下属，那么接下来适合做练习对象的是谁呢？

有读者根据刚才对第3种类型的下属的分析可能会说第4种类型的下属比第2种类型的下属合适，因为第4种类型的下属也是业绩差，他们如果在教练后业绩上升，不也会让对方和自己信心大增吗？这个逻辑本身没错，但这里的问题是要注意第3种类型的下属胜任力不足这一特点。大家还记得在第4章提问技术里讲到的“C+T教练模式”吗？胜任力不足的对象更适合用T而非C的方法。所以，相对而言第2种类型的下属比第4种类型的下属更合适作为教练对象。

因此，适合作为练习对象的是第3种类型的下属和第2种类型的下属。这两种类型的共同特点就是胜任力都不错。

如何正确运用教练

《情境领导力》依据员工的能力和意愿把员工分为4种类型。

首先，我们分析一下能力和意愿之间有什么样的关系呢？能力和意愿之间是一个相辅相成的关系。因为我们缺乏做这件事情的能力，所以这会影响我们做这件事情的意愿。反过来，因为我们不具备做这件事情的意愿，所以我们表现不出具备做这件事的能力。正确地认知能力和意愿之间的关系非常重要。

能力包括知识、经验、技能。当然，在飞速发展的当今社会，所谓的知识并不仅代表之前学得的已具备的知识，还代表将来你体现出来的学习力。当你具备了这样的学习力，并且把它通过反复的实践积累成一定的经验，你的技能的提升是自然而然的。

意愿包括自信、承诺、动机。自信是指我能做好这件事，承诺是指我会做好这件事，动机是指我想做好这件事。那么，随着一个人的技能提升，自信也会随之自然提升。然而，承诺和动机更多是与个人的内在相关。

分析完这两个概念我们就可以简单地得出以下结论：当一个员工具备了相应的外在的能力和内在的意愿时，其工作绩效一般不会差到哪里去。

接下来，我们简单来分析一下这4类员工，如图9–3所示。

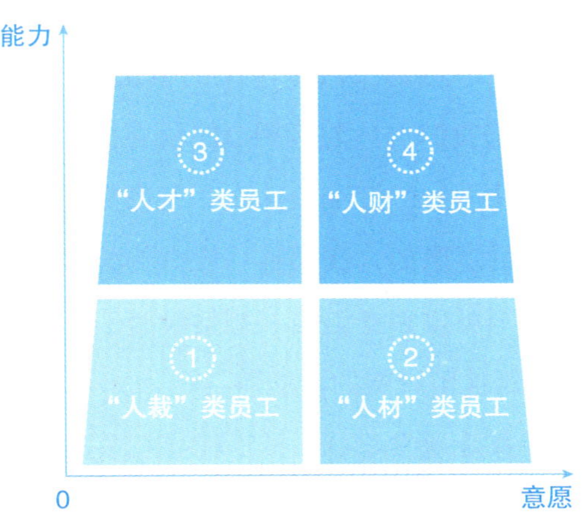

图 9–3　按照能力和意愿度分类

能力低、意愿低的“人裁”类员工

在一般情况下，已做出退出计划的员工分布在这个象限。但是，具体问题还需具体分析。

前面我们分析过能力和意愿之间的关系，假如员工是因为不具备能力导致意愿低，那么我们应该更多地运用OJT（在工作现场内）辅导技术，快速提升员工的能力。只要员工的能力提升，其意愿自然会提升，与此同时员工的绩效也会提升。但是，如果是因为员工意愿低导致其能力没有体现出来，那么我们就应该用教练的方式来打开对方的心扉，了解对方的需求，引导对方的思维，赋能对方的行动。因此，以上两类员工我们不能武断地判他们“死刑”。

除了以上两类员工，也的确存在真正的“问题员工”，这类员工可能就属于标题中的“人裁”类员工。但是，作为教练型管理者，我们首先还是要秉持教练的原则，充分相信人是可行的，是有无限可能性的，我们可以通过努力赋能他们，期待他们成为“人材”类员工。

能力低、意愿高的“人材”类员工

在通常情况下，新进员工或刚转岗的员工符合这个象限的特征。针对这个象限的员工我们仍然要运用OJT辅导技术，明确告诉他们该做什么、如何做以及做好的标准是什么。就像婴儿刚开始学会走路一样，宝宝是有强烈的意愿的，我们唯一要做的就是一步一步地领着宝宝走，直到宝宝完全可以独立走路。相信没有一个家长在看见孩子摔倒后会抱着孩子去跟他解释腿的功能。

如果大家想要系统地学习OJT员工辅导相关的内容，也欢迎大家参加“绩能教练®之OJT员工辅导技术©”的认证课程。

能力高、意愿低的“人才”类员工

这类员工一般出现在老员工中。在一般情况下，老员工具备一定的工作能力，只是在管理者看来他们的意愿有问题。当然，老员工自己未必会承认这一点。

很多管理者把这类员工当作一大麻烦。当你把他们看成麻烦的时候，你对他们的期望是低的，你不认为花时间、精力跟他们沟通是有价值的，因此你就有可能以简单粗暴的方式对待他们，最后本来不是麻烦也变成了麻烦。其实，这类员工是我们不用花太多的投入可以开发的资源，他们本身具备了技能上的优势，所以针对这类员工，更重要的是用教练的方式多去了解他们的真实需求。只要他们的真实需求被满足，这类员工很快会调整自己的状态，进而发挥他们的能量。

能力高、意愿高的“人财”类员工

这类员工是让很多管理者又喜又忧的一类。因为这类员工一般属于企业的明星员工、标杆员工，这类员工会成为企业最大的资产。但是，他们容易另起灶头，这又是企业的一大隐患。

这类员工不需过多的外力去助推他们，他们属于“自燃型”员工。所以，在平时的工作中更多的是需要授权他们，给予他们空间，让他们自由发挥，过多的干预反而会限制他们的发挥和打击他们的积极性。但是，当他们“卡壳”需要帮助的时候，我们可以适当地提供帮助。我们对这类员工进行教练实践往往会比较容易，并且会很有成就感。因此，刚学完教练课程的读者可以从这类员工开始“练手”。

自我教练

教练对话还可以发生在自己和自己之间。其实GROW对话流程就是一套分析问题、探索解决方案的逻辑。我们每个人都可以用这个流程和自己展开对话，倾听内心的声音和想法，提出思考的问题，最后分析和探索解决问题的方案并加以落实。进行自我对话还可以让我们对GROW对话流程的运用更加熟练，对教练实践也有非常好的推动作用。

读者可以参考附录2“自我教练对话记录表”练习自我教练对话。

第10章　企业教练的最佳实践

教练技术自20世纪90年代在欧美国家兴起以来，逐渐在企业得到广泛应用。越来越多的企业将教练技术的方法和流程与自身的管理流程结合起来，将其作为绩效管理、项目工作、人才发展的基础体系，并将其作为管理与领导技能开发的基础。

组织的纵向分工和职业发展阶段

以马克斯·韦伯（Max Weber）为代表的组织行为学家让组织分工的思想深入人心。组织架构成为管理系统中的核心。组织架构一般有横向和纵向两个方面。对于横向的组织架构和分工，大家谈得比较多；而纵向的组织架构要么是按照组织层级的一种划分，要么就是用基层、中层、高层做简单区分，这些区分方法没有把组织在纵向分工中的本质描述出来。现在很多优秀的企业在组织纵向分工和架构上采用了如图10-1所示的一种模型。

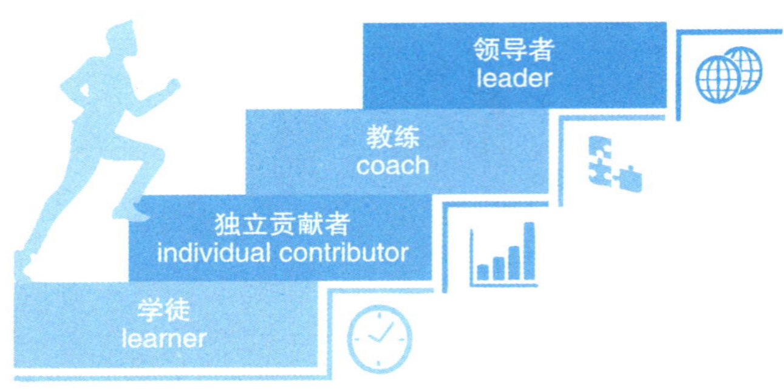

图 10–1 职业生涯的四阶段模型

这个模型把人的职业生涯发展阶段与组织纵向分工有机地结合起来，真正做到了组织和个人的双赢。从个人的角度来看，一个人会经历职业生涯的4个阶段。

学徒

一个人职业生涯的起步都是从学徒开始的。什么是学徒？很多人认为新员工是学徒。这当然没错，但这对学徒的理解还比较肤浅。学徒的本质就是尚不能独立完成本职工作，需要依赖他人帮助的人。简单来说，学徒就是还不能喂养好自己身上的“猴子”，并且时不时地向外扔“猴子”的人。从这个意义来说，有没有可能一个经理职位的人也是学徒？当然有可能。比如对于经理来说，他的“猴子”是指应该完成经理的本职工作，就是能让每个下属达成岗位目标。如果这位经理不能做到这一点，并且他的下属中还有无法完成岗位目标的人，那么这位经理就可能求助于他人（他的上级）或者自行解决（替自己的下属“背猴子”），此时他本人也是学徒。

独立贡献者

如果一个人顺利迈过了学徒阶段，那么他下一步就来到了新的阶段——独立贡献者。独立贡献者就是不再依赖他人，不再将自己的“猴子”扔给他人，而是自己能独立地完成本职工作，承担起本岗位职责的人。“贡献”二字说明这个阶段的员工是真正创造价值的员工。

教练

独立贡献者再往上走就来到了一个关键的阶段——教练。图 10-1 这个模型可以非常直观地帮助我们理解教练的作用和本质。教练的作用就是把他管理的下属从学徒的角色在最短的时间内转变和培养成独立贡献者。这也是越来越多的企业让管理者都成为教练，甚至认为管理者的本质就是教练的原因。如果管理者只是一个头衔，并且不能把学徒有效地转变为独立贡献者，那么这个组织内部的学徒就会很多，也就是说扔“猴子”的人特别多。系统性地解决“猴子”现象的关键就在于让全体管理者成为真正的教练型管理者！

领导者

教练之后就是真正的领导者、领袖。从学徒到独立贡献者，到教练，再到领导者，这一路走来对于个人来讲有一种能力在提升，即领导力在提升！那么，什么是真正的领导力呢？真正的领导力就是个人的影响力，特别是非职务影响力。在教练的阶段其实就已经在逐步训练和积累个人影响力了。《领导力——如何在组织中成就卓越》一书的作者库泽斯（Kouzes）和波斯纳（Posner）写道：“领导力是影响力，是怎样感动别人，真正让下属对你的行动不但表示赞同，而且是一种心甘情愿的追随。”

从组织角度来看，这种纵向分工和角色划分让组织人才形成各司其职的梯队。学徒作为后备人才在工作中学习成长，独立贡献者胜任岗位工作，教练通过在职辅导提升下属的能力和意愿，领导者以个人影响力激发愿景和挑战现状。

教练最佳实践一：谷歌的氧气计划

谷歌自成立以来就存在着对管理的质疑：管理真的有用吗？管理人员真的有实际价值吗？作为高科技公司的代表，谷歌有着浓厚的工程师文化。这种质疑就源自技术人员（不仅是谷歌的工程师，全世界的工程师都有）的一种信条：管理是一种弊大于利的活动，它会干扰人们真正的、可见的、目标导向的工作。

谷歌的创始人拉里·佩奇（Larry Page）和谢尔盖·布林（Sergey Brin）也一度怀疑像谷歌这样的公司是否需要管理阶层。他们甚至在2002年在谷歌尝试一种完全扁平化的组织架构，即去除了所有工程师团队的经理，以此减少层级对思维创新的障碍。但是，这样的尝试只持续了短短数月，因为这两位创始人发现他们会被太多的直接汇报淹没。于是，他们意识到管理阶层在一些重要的方面仍然具有不可替代的价值，比如沟通协作、员工职业发展、流程与组织目标的协同方面。

因此，谷歌至今也像多数公司一样维持着一定层级的组织架构，只不过比多数公司的层级要少得多：37 000多人的公司有5 000名经理层管理人员、1 000名总监级管理人员和100名副总裁级的管理人员。在谷歌内部常见的就是1名经理下面有超过30名直接下属。这样做的目的就是防止经理管得太多。

氧气计划的初衷

谷歌在这样一种认为技术至上、管理无用的工程师文化中如何向人们证明管理是有价值的呢？这种证明必须是基于数据分析的、确定无疑的证据。早在2007年，谷歌内部就成立了一支由数据分析专家组成的小组，该小组用严谨的数据分析来解决这一问题。这就是著名的氧气计划。

氧气计划的重要发现和应用

氧气计划小组不仅通过最严谨的数据分析证明管理是有价值的、管理者是有作用的，而且还建立了有效管理行为的标准。这个标准由8项行为构成。

①成为一名好教练。

②提升团队实力，权力下放，不事必躬亲。

③关注员工的成功和幸福。

④注重效率，以结果为导向。

⑤善于沟通，善于倾听团队意见。

⑥帮助员工进行职业规划。

⑦团队目标明确，战略清晰。

⑧掌握关键技术技能，能给团队提供建议。

仔细研究发现，第1项行为标准就是“成为一名好教练”。注意，这可不是什么说教，而是谷歌的氧气计划小组历时多年基于大量的数据分析得出的结论。从第2项到第7项行为其实都是成为好教练的具体体现。另外，我们也可以看出第1、2、3、5、6项行为都是与处理人的关系有关的行为，第4、7、8项行为是与处理事的关系有关的行为。说明优秀的管理者要“人”“事”兼顾，但重心是在“人”。这也对应了职业发展的四阶段模型。在职业发展的早期阶段（学徒、独立贡献者），处理事的能力非常重要；在职业的高级阶段（教练、领导者），处理人际关系的能力就凸显出来了。

基于这8项行为标准，谷歌的氧气计划小组开发了一系列用于评估管理者行为的工具，并将这些工具用于管理实践和培训项目中，取得了显著成效。2010—2012年，管理者在员工反馈的评估得分从83%上升到86%，特别是在教练行为和对下属的职业发展方面的行为进步最大。数据表明，自实行氧气计划以来，谷歌在管理有效性和业绩方面取得了显著进步。

更新的谷歌氧气计划

2018年，氧气计划小组根据最新的研究和内部数据更新了谷歌最佳管理者的8项行为中的第3项和第6项的表述，并增加了第9项和第10项行为，提出了“谷歌最佳管理者的10项氧气行为”。

①成为一名好教练。

②提升团队实力，权力下放，不事必躬亲。

③创造一个包容的团队环境，关注员工的成功和幸福。

④注重效率，以结果为导向。

⑤善于沟通，善于倾听团队意见。

⑥支持员工职业发展并与员工交流绩效表现。

⑦团队目标明确，战略清晰。

⑧掌握关键技术技能，能给团队提供建议。

⑨跨部门合作。

⑩是一名好的决策者。

研究数据表明，新增的两项行为与管理的有效性高度相关，并且新的10项行为比原先的8项行为在团队成果（流动率、员工满意度和绩效）方面有更好的预测性。也就是说，得分越高的管理者，他所在团队的员工就越愿意留在岗位上，员工的满意度也越高，员工本人的绩效水平也越好。

教练最佳实践二：普华永道的PCD系统

在普华永道内部有一个PCD系统（Performance Coaching & Development System，绩效辅导与发展系统）。这个系统把教练体系和组织架构、绩效管理、职业发展、项目管理等管理体系紧密地结合起来，是公司最为核心的管理体系，成为一直驱动这家专业公司业务发展和人才培养的关键基础设施。

教练组织架构

普华永道内部的岗位组织架构为了打破部门的壁垒，采用项目矩阵式结构，如图10-2所示。

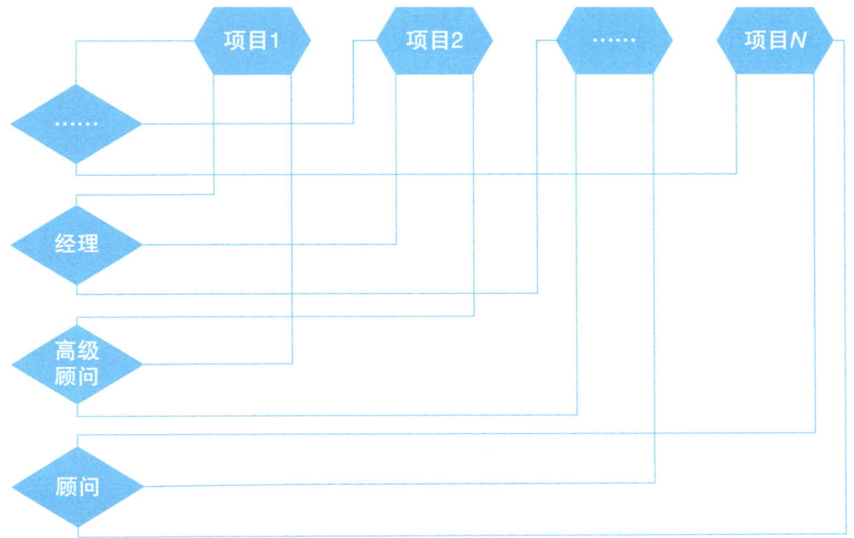

图 10-2　项目矩阵式组织结构

像一般的组织结构一样，纵向的岗位从顾问到高级顾问，再到经理……一直向上分出很多层级。但所有的工作都是以项目的组织方式组成许多临时的项目小组，包括内部的所有日常工作都是以项目方式组织的。

普华永道在纵向组织结构的方向上就嵌入了如图10-1所示的角色。普华永道对管理者的定义就是教练，所以普华永道要求除了最基层的顾问外，所有有直接下属的管理者都必须是教练。另外，普华永道对于领导者的定义就是至少要向下跨越1个层级去影响他人。那么，领导者如何体现这种影响力呢？

绩效教练和职业发展教练

普华永道为员工设置了两位教练：绩效教练和职业发展教练。员工的绩效教练就是项目小组内部自己的直接上级，因此项目小组的组织架构和汇报关系就决定了谁是教练、谁是教练对象。绩效教练的任务就是在工作中辅导下属解决实际问题并提升能力。职业发展教练则不同，公司会依据员工的专业和职业发展方向选择一位职级比员工高至少两级的高级职员担任职业发展教练。职业发展教练的任务则是为教练对象的年度业绩目标和长期的职业发展目标负责。

因为项目具有临时性的特点，所以绩效教练与教练对象之间的关系也是临时性的。当项目结束时，绩效教练与教练对象之间的教练关系就结束了，绩效教练只对该员工在项目期间的工作表现和能力负责。而职业发展教练和其辅导对象的关系则是长期的，一经确定一般不会变化，甚至当两人职务、岗位发生变动时，这种关系也不会变化。这样做是为了满足职业发展长期性、稳定性的要求。因此，普华永道的每一位员工都会得到两位教练的帮助：绩效教练负责员工在每个项目中的工作表现；职业发展教练负责员工的年度业绩表现和职业发展。同时，每一位管理者[1]（包括合伙人）都是某几位员工的绩效教练或者职业发展教练。

教练体系和教练流程

教练并不只是一个虚设的头衔，其作用是要在实际工作中确确实实地体现出来。普华永道的教练工作并不是独立于其他管理工作之外的，而是自然紧密地嵌入了日常的项目管理、绩效管理和员工职业发展等各项工作中。这种结合最直接的体现就是PCD系统，如图10–3所示。

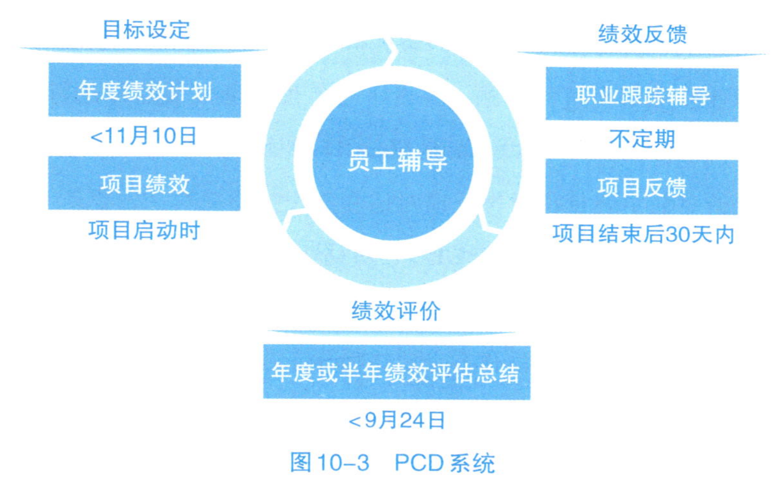

图 10–3 PCD 系统

PCD系统把员工短期的项目工作管理与年度绩效管理、职业生涯发展紧密地结合起来。我们先来看一下这个系统是如何推动项目管理工作的。对于项目管理来说，图10–3中的“目标设定”就是每个项目在启动时便确定了绩效教练与教练对象的关系。在这一阶段，教练帮

1 担任职业发展教练的管理者下面至少有两个层级。

助教练对象完成的一项工作就是通过教练对话（主要是SMART对话）确定下属的具体工作目标并记录在项目绩效反馈表（PFF）中。绩效教练根据项目工作目标在项目开展的每一阶段根据需要对下属的实际情况提供及时的教练辅导（主要是GROW对话），这一过程贯穿项目始终（就是图10-3中“员工辅导”的部分）。在项目结束后的30天内，绩效教练还要与教练对象进行最后一次重要的谈话——项目成果面谈（主要是积极性反馈和建设性反馈），并再次记录于项目绩效反馈表中。

我们再来看一下PCD系统与年度绩效管理和职业发展是如何结合的。对于年度绩效和职业发展而言，图10-3中的“目标设定”指的就是在每个年度开始之前（通常是本年11月10日之前）对下一年度进行计划，由职业发展教练与教练对象完成年度业绩目标的确定和对上一年度职业发展情况进行回顾，并对下一年度职业发展目标进行更新。确定年度业绩目标的对话主要是SMART对话，回顾上一年度职业发展情况的对话主要是积极性反馈对话和建设性反馈对话，更新下一年度职业发展目标的对话则是GROW对话。所有对话的内容要记录在员工发展计划表（DP）中。职业发展教练依据员工发展计划表对教练对象的职业发展进行跟踪和不定期的辅导。在年中和年底提供两次绩效评估和职业发展面谈。在面谈之前，职业发展教练需要取得这一年（或半年）以来教练对象在所有经历的项目中的实际表现和评估的数据（实际上都在PCD系统中自动收集），以及教练对象对这一年（或半年）绩效和职业发展状况的自我评价，然后通过教练对话给出自己的客观反馈，并对教练对象存在的问题和疑惑提供启发和指导。

对教练的考核与评价

为了引导和规范教练的行为和工作，PCD系统中具有以年度绩效的方式对全体教练的考评体系。也就是说，全体管理者的年度KPI中都包含了教练在PCD系统工作中行为表现的衡量指标，如图10–4所示。

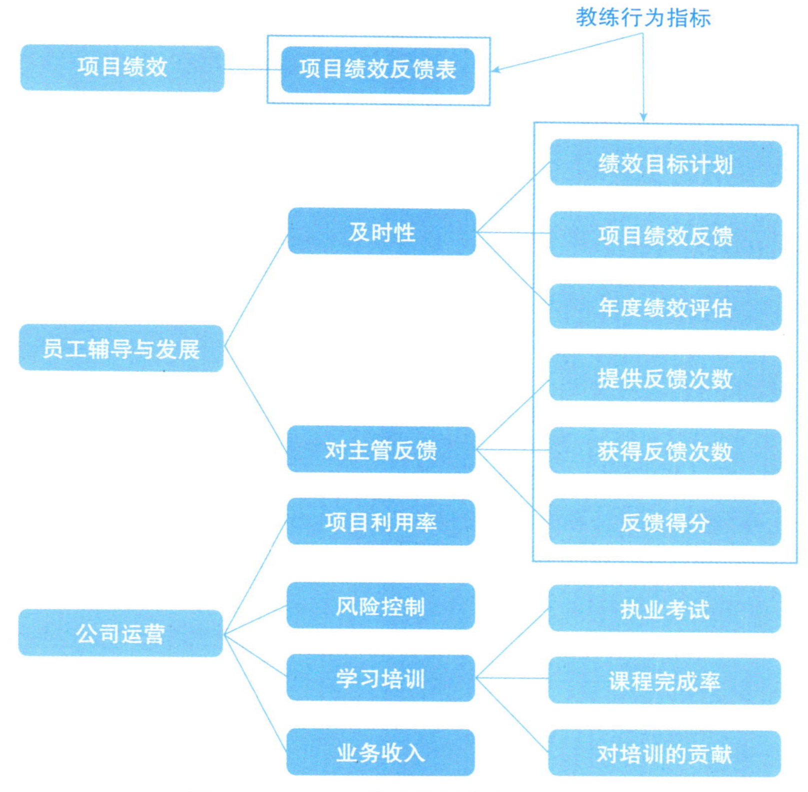

图 10–4　PCD 系统中的绩效考评指标体系

图10–4是对所有员工都适用的年度绩效考核指标体系KPI，其中方框内的指标都是与教练工作和教练行为有关的指标，即人才发展指标（people development）。对于不同层级的岗位，这些指标的权重是不同的，职级越高的员工的人才发展指标的权重越大。

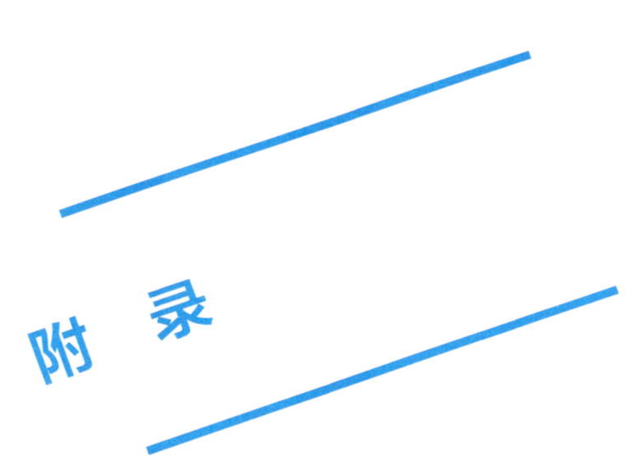

附录

附录1 教练实践记录表范例

附表1-1 深度倾听练习记录表

教练：	谈话对象：	日期：
对话背景		
对话要点		

续表

教练：		谈话对象：	日期：
倾听表现	接纳		
	回应		
	求证		
对方反应			
自我评价			

附表 1–2　有力提问练习记录表

教练：		谈话对象：	日期：
对话背景			
对话要点			
提出的问题	未来导向型		
	开放式		
	积极型		
对方反应			
自我评价			

附表 1–3 积极性反馈练习记录表

<table>
<tr><th colspan="2">教练：</th><th>谈话对象：</th><th>日期：</th></tr>
<tr><td colspan="2">反馈事项</td><td colspan="2"></td></tr>
<tr><td rowspan="3">反馈内容</td><td>行为和事实</td><td colspan="2"></td></tr>
<tr><td>影响及评价</td><td colspan="2"></td></tr>
<tr><td>欣赏和感谢</td><td colspan="2"></td></tr>
<tr><td colspan="2">对方反应</td><td colspan="2"></td></tr>
<tr><td colspan="2">自我评价</td><td colspan="2"></td></tr>
</table>

附表 1–4　建设性反馈练习记录表

教练：		谈话对象：	日期：
反馈事项			
反馈内容	行为和事实		
	影响及后果		
	期待的行为和结果		
对方反应			
自我评价			

附表 1–5　SMART 目标提问框架教练记录表

步骤	提问话术	重点摘要
发出邀请	■ 今天想聊点什么呢？ ■ 我看到……，这会引起……，我们来谈谈这个问题，好吗？	
求证需求	■ 听起来，你是希望……，是吗？ ■ 这个问题我们想要达到的结果是什么呢？	
具体	■ 你说的……具体是指什么？ ■ 你说的……具体是指哪个人？ ■ 你说的……具体是指哪件事？ ■ 你说的……具体是指哪方面？	
可衡量	■ 你希望达成的目标是多少？（定量目标） ■ 如果用1 ~ 10分来衡量……，10分是最理想状态，你希望达到多少分？ ■ 如果达到了……分，你会看到什么？听到什么？	

续表

步骤	提问话术	重点摘要
可达成	■ 你可以影响这个目标吗？ ■ 你可以影响的目标是什么？ ■ 那你愿意一起尝试探讨一下吗？	
相关	■ 实现目标与公司整体战略目标有什么关联呢？ ■ 实现这个目标对部门有什么价值（意义）呢？ ■ 实现这个目标对你本人又有什么价值？还有呢？	
有时限	■ 你希望何时达成目标？ ■ 具体是哪天？	
目标确认	■ 听起来，你是希望在……时间，让……达到……，看到……的结果，是吗？	

附表 1–6　GROW 对话教练员记录表

步骤	要点记录
厘清目标	
分析现状	
探索方案	
强化意愿	

附表 1–7　GROW 对话观察员记录表

项目	行为要点	评分（1 ~ 10 分）	反馈记录
教练流程	能从问题描述中区分出需求并与教练对象进行求证		
	对话围绕一个正向的、符合SMART标准的目标进行		
	能让教练对象结合对目标与现状的了解得出清晰的差距		
	能让教练对象分析造成差距的可影响因素		
	教练对象能针对关键因素找出可执行的行动方案		
	谈话结尾部分能使教练对象对行动意愿进行强化		
深度倾听	对话过程中允许偶尔出现打断、评判、建议等行为		
	对话中适时点头、自然微笑、目光关注、肢体同步、记录摘要		

续表

项目	行为要点	评分（1～10分）	反馈记录
深度倾听	对话中能对对方话语中的关键词进行回放		
	能用求证的方式对语言背后的事实、感受和需求进行求证		
有力提问	以未来导向型提问为主，而非过去导向型提问，让教练对象探索更多的可能性		
	以开放式提问为主，而非封闭式提问，扩展教练对象思维的广度和深度		
	以积极型提问为主，而非消极型提问，激发教练对象积极的情绪状态		
有效反馈	及时对教练对象的表现给出积极性反馈		
	必要时给出客观的建设性反馈		
教练原则	全程体现相信、赋能、期望的教练原则		

附录2　自我教练对话记录表

问题1：我想解决的问题是什么？	问题3：目前的情况和数据是什么？
问题2：我希望达成的SMART目标是什么？	问题4：目标与现状的具体差距是什么？
问题7：我采取的第一步行动是什么？	问题5：造成差距的因素有哪些？
问题8：我自己设定的奖惩方式是什么？	问题6：针对这些因素我有哪些方案？

厘清目标
分析现状
探索方案
强化意愿
深度倾听
有力提问
有效反馈
教练原则

附录3　情境领导模式

情境领导模式是由组织行为学家保罗·赫塞与肯·布兰佳博士提出的一种领导力理论。该理论的核心原则就是没有最好的领导方式。最有成效的领导者会根据自己所面对的不同情境选择和调整不同的领导行为风格。

领导行为风格

领导行为风格是指领导者根据“情境”需要所呈现出的不同程度的两种领导行为的组合：一是指令型行为，或者称为任务导向行为；二是支持型行为，或者称为关系导向行为。

指令型行为

指令型行为是指领导者通过单向沟通进行的行为。领导者规定下属的角色，告诉下属做什么、何地做、何时做以及如何做，随后密切监督下属的表现。

指令型行为可在以下情形中运用：

- 确定目的或目标。
- 分清每个人应在某项工作中担负的职责。
- 事先制订下属的工作计划。
- 组织资源。
- 分清工作主次关系。
- 为下一阶段的工作设定时间表。
- 确定下属工作表现的评价方法。
- 演示或告诉下属如何做某项具体工作。
- 检查工作是否正确且按时完成。

支持型行为

支持型行为是指领导者与下属间双向沟通的行为方式。领导者倾听下属的想法，为下属提供支持和鼓励，并促进自己与下属相互交流，让下属自己进行决策。

支持型行为可在以下情形中运用：

- 征求对完成工作的建议或新想法。
- 促进下属解决在执行任务的过程中出现的问题。
- 倾听下属的问题（与工作有关或无关的问题）。
- 激励下属或使下属坚信他们可以胜任其工作。
- 就整个组织的运作交流信息。
- 披露自身的（与工作有关或无关的）情况。

■ 表扬下属取得的成就。

4种基本的领导行为风格

如果将指令型行为和支持型行为作为领导力行为的两种维度，那么情境领导模式描述了4种基本的领导行为风格，如附图3-1和附图3-2所示。

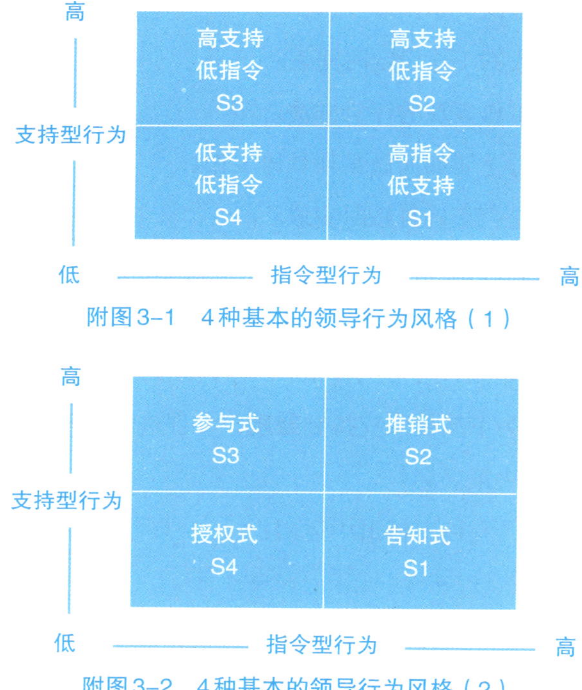

附图3-1 4种基本的领导行为风格（1）

附图3-2 4种基本的领导行为风格（2）

S1：告知式行为

告知式行为是一种高指令性、低支持性的领导方式。采用该方式的领导者：

- 判断问题。
- 确定目标、分派角色。
- 制订解决问题的行动计划。
- 完成如何、怎样、何时及何人等有关的决策问题。
- 提供具体指令并主要采用单向沟通方式。
- 宣布解决方法和决定。
- 监督下属并评价其工作。

S2：推销式行为

推销式行为是一种高指令性、高支持性的领导方式。采用该方式的领导者：

- 判断问题所在。
- 确定目标。
- 制订解决问题的行动计划，然后征求下属的意见。
- 向下属解释所做决定的理由并征求下属的意见，从而加强双向沟通。
- 支持下属并表扬下属的主动性。
- 在听取下属的意见、观点和感受后，就过程和解决方法等做出最后决定。
- 评价下属的工作。

S3：参与式行为

参与式行为是一种高支持性、低指令性的领导方式。采用该方式的领导者：

- 使下属一同参与判断问题和确定目标的过程。
- 向下属询问如何完成该项工作。
- 需要时，为下属提供保证、支持、资源或建议。
- 分担解决问题和决策的责任。
- 听取下属意见，促使下属解决问题和做出决策。
- 和下属共同评价其工作。

S4：授权式行为

授权式行为是低支持性、低指令性的领导方式。采用该方式的领导者：

- 和下属一起判断问题。
- 共同确定目标。
- 允许下属制订行动计划，控制某些具体问题及其解决方法的决策过程。
- 允许下属自行评价各自的工作。
- 允许下属承担责任并给予信任。

情境领导模式建立在以下基础上：一是不存在唯一、最佳的领导风格；二是那些成功地使下属的表现和满意度得以提高的领导者能根据“情境”的需要来组合运用不同程度的领导行为（指令型行为、支持型行为），从而呈现出不同的领导行为风格类型（S1、S2、S3、S4）。

那什么是“情境”呢？情境领导模式指出所谓的“情境”是指下属在完成一项特定工作或者目标时呈现出的不同绩效胜任度水平。

4 种胜任度水平

情境领导模式把绩效胜任度水平定义为一个人在无人监督的情况下开展某项具体工作的能力和意愿。值得注意的是，这里的能力和意愿必须是完成某项具体任务时的状态水平，并不是笼统地、脱离具体任务地去评价一个人总体的“绩效胜任度水平”。

胜任度水平 = 能力 + 意愿

- 能力可通过适当的指导和支持加以培养。这是一种可通过教育、培训和经验获得的知识或技能。
- 意愿是一种信心和动力的组合。信心是对一个人自我确信程度的衡量，这是一种在无须太多外界监督的条件下对能够做好某些工作的自我感觉；而动力则是对做某项工作的兴趣和热情。

情境领导模式定义了4种典型的绩效胜任度水平：一是低水平（R1）；二是中低水平（R2）；三是中高水平（R3）；四是高水平（R4）。这些胜任度水平代表了如附图3-3所示的能力和意愿的不同组合。

能力强 意愿强	能力强 意愿弱	能力弱 有意愿	能力差 意愿弱
R4	R3	R2	R1

高水平 ← 低水平

附图3-3　胜任度水平

领导行为风格与胜任度水平的对应关系

情境领导模式指出，在R1到R3阶段，随着下属开展某项具体工作时所呈现的胜任度水平的增加，领导者应该相应地减少指令型行为而增加支持型行为。在R4阶段，由于下属不仅表现出很高的能力水平，同时也具备了很高的意愿，因此领导者对这一阶段的下属不仅可以减少指令型行为，也可以减少支持型行为。领导者行为风格与下属的胜任度水平变化的关系可以用附图3-4表示。

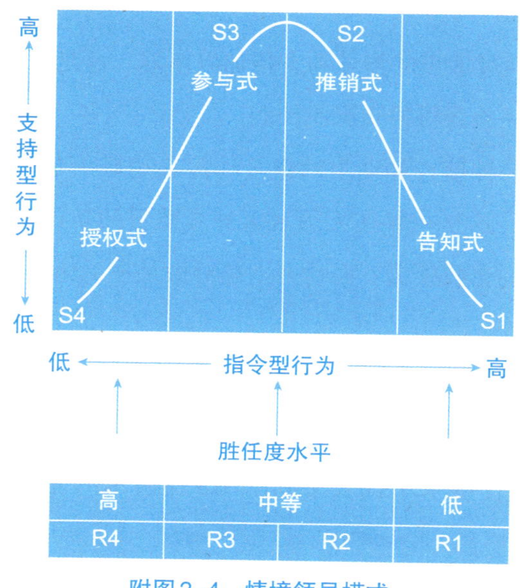

高	中等		低
R4	R3	R2	R1

附图3-4　情境领导模式

领导风格S1（告知式）

告知式风格是针对低水平下属所采取的方式。

对于意愿度低且能力欠佳者，告知式领导风格可提供清楚、具体的指导，以及严密的监督，从而最有可能发挥作用。

领导风格 S2（推销式）

推销式风格是针对中低水平下属所采用的方式。

有一定意愿但能力不够的下属在担负一定责任时既需指导又需支持。因此，既有指令型行为又有支持型行为的推销式风格可提升下属能力，并建立下属信心，从而对该水平上的下属是最适合的。

领导风格 S3（参与式）

参与式风格是针对中高水平下属所采用的方式。

中高水平下属有能力但对于分派的任务的意愿较低。他们多变的原因大多是缺乏信心和安全感。然而，如果他们有信心但仍不够投入，那么他们的问题就不是信心问题，而是主观动力方面的问题。因此，参与式风格最有可能对这种水平的下属发挥作用。

领导风格 S4（授权式）

授权式领导风格适合从事某项特定工作的高胜任度水平者。

处于这种胜任度水平上的人既有能力又有动力去承担责任，因此几乎不进行指导与支持的授权式领导风格最可能生效。

参考文献

［1］Jr Oncken W，Wass D L. Management Time：Who's Got the Monkey[J]. Harvard Business Review，1999（11）.

［2］Garvin D A. How Google Sold Its Engineers on Management[J]. Harvard Business Review，2013（12）.

［3］Harrell M，Barbato L. Great Managers Still Matter：The Evolution of Google's Project Oxygen[J]. Blog from Google，2018（2）27.

［4］Feser C，Mayol F，Srinivasan R. Decoding Leadership：What Really Matters[J]. Mckinsey Quaterly，2015（1）.

［5］Beck R，Harter J. Why Great Managers are So Rare[J]. Business Joural of Gallup，2014，3（25）.

［6］Leadship Study，Inc. Situational Leadership：Relevant Then，Relavant Now[J]. 2017.

［7］马歇尔·卢森堡.非暴力沟通[M]. 阮胤华，译.北京：华夏出版社，2009.

［8］费迪南德·F. 佛尼斯.绩效教练：获得最佳绩效的教练方法与模型[M]. 吴忠岫，译.北京：电子工业出版社，2014.

［9］约翰·惠特默.高绩效教练[M].林菲，徐中，译.北京：机械工业出版社，2013.

［10］托尼·斯托茨福斯.提问的威力：教练问题全清单[M] 赵学敏，译.北京：华夏出版社，2014.

［11］樊登.可复制的领导力[M].北京：中信出版集团，2017.

［12］芭芭拉·明托. 金字塔原理[M].汪洱，高愉，译.海口：南海出版公司，2013.

［13］艾伦·范恩，丽贝卡·梅里尔.潜力量：GROW教练模型帮你激发潜能[M].王明伟，译.北京：机械工业出版社，2015.

［14］肯·布兰佳，小威廉·翁肯，哈尔·伯罗斯.一分钟经理人·遇见猴子[M]. 赵晖，译.北京：中信出版集团，2014.

［15］肯·布兰佳，帕特里西亚·茨格米，德瑞·茨格米.一分钟经理人·领导力[M].王维丹，译.北京：中信出版集团，2014.

［16］肯·布兰佳，唐纳德·卡鲁，尤尼斯·帕里西–卡鲁.一分钟经理人·打造高效团队[M].王昭力，译. 北京：中信出版集团，2014.

［17］肯·布兰佳，罗伯特·洛伯.一分钟经理人·实践篇[M].陈佳伟，译. 北京：中信出版集团，2014.

［18］玛丽莲·阿特金森，雷·切尔斯.被赋能的高效对话：教练对话流程实操[M].杨兰，译.北京：华夏出版社，2015.

［19］特里·费德姆.提问的艺术：沃顿商学院写给管理者的提问指南[M].闫宁，译.北京：中国工信出版集团，人民邮电出版社，2016.

[20] 彼得·德鲁克. 卓有成效的管理者[M].许是祥，译.北京：机械工业出版社，2009.

[21] 史蒂芬·柯维.高效能人士的七个习惯[M].高新勇，王亦兵，葛雪蕾，译.北京：中国青年出版社，2014.

[22] 詹姆斯·M.库泽斯，巴里·Z.波斯纳，伊莱恩·碧柯.培养卓越领导者的教练指南[M]. 黄学焦，胡丹，李鹏，译.北京：电子工业出版社，2013.

[23] 马歇尔·戈德斯密斯，劳伦斯·S.莱昂斯，莎拉·麦克阿瑟.领导力教练[M].徐中，胡金枫，译.北京：机械工业出版社，2013.

[24] 迈克尔·潘塔隆. 6个问题竟能说服各种人[M].路本福，译.南京：江苏文艺出版社，2012.